Willms
Java
echt einfach

Roland Willms

Java
echt einfach

Das kinderleichte Computerbuch

Mit 227 Abbildungen

Franzis'

Die Deutsche Bibliothek – CIP-Einheitsaufnahme

Ein Titeldatensatz für diese Publikation
ist bei Der Deutschen Bibliothek erhältlich

© 2001 Franzis Verlag GmbH, 85586 Poing

Alle Rechte vorbehalten, auch die der fotomechanischen Wiedergabe und der Speicherung in elektronischen Medien.
Die meisten Produktbezeichnungen von Hard- und Software sowie Firmennamen und Firmenlogos, die in diesem Werk genannt werden, sind in der Regel gleichzeitig auch eingetragene Warenzeichen und sollten als solche betrachtet werden. Der Verlag folgt bei den Produktbezeichnungen im wesentlichen den Schreibweisen der Hersteller.

Satz: Nicol/Albrecht, Frankfurt
Druck: Offsetdruck Heinzelmann, München
Printed in Germany - Imprimé en Allemagne.

ISBN 3-7723-7165-5

Vorwort

Möchten Sie gerne schnell und ohne Frust mit Java programmieren lernen? Dann ist dieses Buch genau das richtige für Sie. Sie werden hier Schritt für Schritt mit vielen anschaulichen Beispielen an das Arbeiten mit Java herangeführt.

Wie in allen **echt-einfach**-Büchern gibt es eine Comicfigur als Führer, die Ihnen über die ersten Klippen beim Umgang mit dem Programm hilft. Sie steht Ihnen mit Tipps und Tricks zur Seite und ermöglicht so einen problemlosen Einstieg.

Die **kinderleichten Computerbücher** der echt-einfach-Reihe sind keineswegs Kinderbücher. In allen Büchern werden Funktionen und Möglichkeiten des Programms kompetent erklärt. Dabei konzentrieren sich die Autorinnen und Autoren auf das, was Sie wirklich brauchen. Überflüssiger Ballast wird weggelassen.

Ohne PC-Chinesisch oder Technogeschwafel, dafür aber leicht verständlich, ermöglichen Ihnen die echt-einfach-Bücher sehr schnell den sicheren Umgang mit den Programmen.

Inhaltsverzeichnis

1	**Einleitung**	**10**
1.1	Sie sind nicht allein ...	10
1.2	Ein Überblick über die Kapitel	11
1.3	So finden Sie sich zurecht	13
1.4	Die Homepage zu diesem Buch	13
2	**Wichtige Software installieren**	**16**
2.1	Das SDK installieren	16
	2.1.1 Zwei Dateien herunterladen	17
	2.1.2 Die Installation durchführen	17
	2.1.3 Den Suchpfad anpassen	21
2.2	Den JLauncher einrichten	24
	2.2.1 Ein Archiv entpacken	24
	2.2.2 Den JLauncher starten	28
	2.2.3 Den JLauncher konfigurieren	29
	2.2.4 Die Konfiguration testen	30
3	**Grafiken gestalten**	**36**
3.1	Was sind Objekte?	36
	3.1.1 Eigenschaften in Klassen aufschreiben	37
	3.1.2 Den Zustand von Objekten durch Felder beschreiben	38
	3.1.3 Objekte mit Konstruktoren erschaffen	40
	3.1.4 Variablen bezeichnen	42
	3.1.5 Das Verhalten von Objekten durch Methoden ausdrücken	43
	3.1.6 Die Werte von Feldern abfragen	47
3.2	Einfache Figuren malen	50
	3.2.1 Woraus besteht der Bildschirm?	50
	3.2.2 Eine weiße Fläche anzeigen	51
	3.2.3 Was sind Applets?	53
	3.2.4 Was sind Arbeitsblätter?	55
	3.2.5 Die Hintergrundfarbe festlegen	57
	3.2.6 Wichtige Eigenschaften von Grafiken	61

	3.3	Mit Bildern umgehen	63
		3.3.1 Bilder laden und auseinanderschnippeln	63
		3.3.2 Werte in Aufstellungen sammeln	66
		3.3.3 Anweisungen mehrfach ausführen	68
		3.3.4 Mehrere Dimensionen bei Aufstellungen	72
	3.4	Übungsaufgabe	75
4	**Bilder animieren und Sound abspielen**		**78**
	4.1	Das Schloss mit dem Spielcasino	78
	4.2	Klänge laden und abspielen	79
		4.2.1 Den Wind pfeifen lassen	79
		4.2.2 Eine Zufallszahl ermitteln	81
		4.2.3 Statische Eigenschaften verstehen	82
		4.2.4 Werte ausgeben	84
		4.2.5 Eine Bedingung formulieren	86
		4.2.6 Eine Bedingung überprüfen	87
		4.2.7 Anweisungen beliebig oft ausführen	88
	4.3	Bilder in Bewegung bringen	92
	4.4	Übungsaufgabe	94
5	**Objektorientiert programmieren**		**98**
	5.1	Die Dokumentation entpacken	98
	5.2	Einen Bildlader entwickeln	103
		5.2.1 Ein Bild laden	103
		5.2.2 Einen Bildausschnitt erhalten	105
		5.2.3 Eine Klasse aufbauen	108
		5.2.4 Den Zustand mit Feldern festlegen	112
		5.2.5 Felder mit Konstruktoren initialisieren	116
		5.2.6 Das Verhalten durch Methoden beschreiben	119
		5.2.7 Pakete importieren	121
	5.3	Einen Klanglader zusammenstellen	123
		5.3.1 Dateien über ihre Namen ansprechen	123
		5.3.2 Stammbäume von Klassen	126
		5.3.3 Die Eigenschaften einer Tabelle an einen Klanglader vererben	130
		5.3.4 Die Länge einer Aufstellung ermitteln	132
		5.3.5 Eine Methode überschreiben	133
		5.3.6 Der Standardkonstruktor	134

	5.4	Einzelne Buchstaben anzeigen	136
	5.5	Übungsaufgabe	141
	5.6	Verschiedene Zähler bereitstellen	142
		5.6.1 Eine abstrakte Klasse entwickeln	143
		5.6.2 Zahlen aus Zeichenketten lesen	147
		5.6.3 Abstrakte Methoden überschreiben	149
6	**Applets und Applikationen unterscheiden**		**152**
	6.1	Das Casino als Applet gestalten	152
		6.1.1 Eine Webseite erstellen	153
		6.1.2 Einen Parameter im Notizbuch eintragen	155
		6.1.3 Der Lebenslauf eines Applets	156
	6.2	Das Casino einem Fenster zuordnen	160
		6.2.1 Die Hauptmethode einführen	161
		6.2.2 Ein Fenster öffnen	161
		6.2.3 Die richtige Größe einstellen	164
		6.2.4 Konflikte mit dem Kontext vermeiden	165
	6.3	Der Compiler, der Interpreter und der Applet Viewer	169
7	**Programme durch Stränge zeitlich steuern**		**170**
	7.1	Eine Schnittstelle implementieren	170
	7.2	Einen Strang starten und stoppen	171
8	**Flackerei durch doppelte Pufferung vermeiden**		**174**
	8.1	Ein Bild als Puffer bereitstellen	174
	8.2	Eine Komponente auffrischen	175
	8.3	Bilder in Applikationen erschaffen	177
9	**Auf Ereignisse reagieren**		**180**
	9.1	Verschiedene Räume im Casino	180
		9.1.1 Bereiche mit Flaggen markieren	181
		9.1.2 Den Ort des Mauszeigers kapseln	182
		9.1.3 Einen abstrakten Raum gestalten	183
		9.1.4 Das Spielschloss als erster Raum	186
		9.1.5 Einen Raum ins Casino einbauen	188
	9.2	Mausereignisse verarbeiten	190
		9.2.1 Einen rechteckigen Bereich aktivieren	190
		9.2.2 Passende Schnittstellen implementieren	194
		9.2.3 Einen Zuhörer registrieren	194
		9.2.4 Die Methoden der Schnittstellen überschreiben	195
		9.2.5 Im Schloss auf Ereignisse reagieren	197

10	**Vom Kassierer bis zur Slotmaschine**	**200**
	10.1 Von Raum zu Raum wandern	200
	10.1.1 Mehrere Fälle unterscheiden	200
	10.1.2 Die Begrüßung im Foyer	203
	10.1.3 Schecks beim Kassierer eintauschen	209
	10.1.4 Die Halle mit den Slots	212
	10.2 An den Slots spielen	214
	10.2.1 Allgemeine Sloteigenschaften	216
	10.2.2 Eine Schnittstelle entwickeln	217
	10.2.3 Der Slot BigApple	220
	10.2.4 Der Slot Hammer	225
11	**Grafische Benutzeroberflächen zusammenstellen**	**228**
	11.1 Etiketten mit Aufschriften	228
	11.2 Verschiedene Aufmachungen	230
	11.3 Ein Formular für Benutzerdaten	233
12	**Informationen lesen und schreiben**	**238**
	12.1 Einen Ordner anlegen	238
	12.2 Text in eine Datei schreiben	241
	12.3 Mit ganzen Textzeilen arbeiten	242
13	**Zwischen Klient und Server kommunizieren**	**246**
	13.1 IP-Adressen und Ports	246
	13.2 Anschlüsse am Klient und am Server	248
	13.3 Daten über Anschlüsse senden	251
14	**Interaktive Landkarten aufbauen**	**254**
	14.1 Ein Bild auf eine Leinwand malen	254
	14.2 Ein Fenster mit einem Bild öffnen	256
	14.3 Icons auf eine Landkarte setzen	260
	14.4 Archive zusammenstellen	263
Index		**264**

1 Einleitung

1.1 Sie sind nicht allein ...

Hi, ich bin die Kaffeebohne Joe und freue mich schon darauf, Sie im ganzen Buch begleiten zu dürfen und Ihnen an vielen Stellen hilfreich zur Seite zu stehen.

Als James Gosling bei der Firma Sun damit begann, eine neue Programmiersprache zur Steuerung von Konsumgütern zu entwickeln, schaute er aus dem Fenster und sah eine Eiche. Daher fiel ihm zunächst nichts besseres ein, als die Sprache mit Oak zu bezeichnen.

Glücklicherweise war Oak schon geschützt, sodass sich die Vermarktungsabteilung einen anderen Namen überlegen musste. Ein kleiner Wink von mir genügte, um Java ins Spiel zu bringen. Doch was hat Java nun mit Kaffee zu tun?

Bild 1.1: Ein Java Shop

Manchmal haben Computerfreaks schon merkwürdige Sitten. Sie nehmen die einzelnen Buchstaben von Bezeichnungen und basteln daraus Wortkombinationen, zum Beispiel Java – just another vague acronym (bloß ein anderes vages Akronym) oder Windows – na ja, das sage ich Ihnen jetzt lieber nicht, sonst gibt's Ärger ...

In den USA finden Sie an einigen Orten Java Shops, zum Beispiel in Las Vegas. In Nickel Nick's Java Shop gibt es schon eine Cup of Java (Tasse Kaffee) für 5 Cents (zirka 10 Pfennig). Übrigens wird in den Casinos eine 5 Cent Münze als Nickel bezeichnet.

1.2 Ein Überblick über die Kapitel

In Las Vegas kam mir die Idee für ein interessantes Programmierprojekt in diesem Buch. Wir entwickeln gemeinsam ein Spielcasino mit allem Drum und Dran, also Spielautomaten, Benutzerverwaltung, Geldtransaktionen, Bonuspunktsystem.

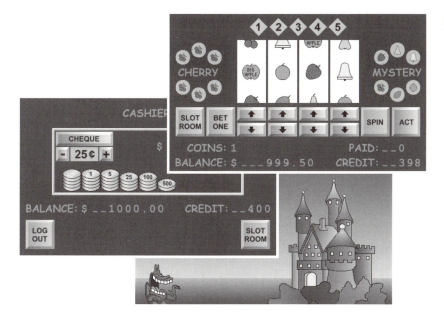

Bild 1.2: Szenen aus dem Casino

Slottery (Slots + Lottery) soll unser Spielcasino heißen. Die Lotterie sorgt für Action, wenn wir dem Spieler ab und zu die Chance geben, die ausgespielte Symbolkombination zu manipulieren. Slot bedeutet übrigens Schlitz, denn irgendwo müssen Sie ja Ihr Geld einwerfen.

Das Casino machen wir internetfähig, damit alle Spieler einen ordentlichen Jackpot anhäufen können, wenn sie online sind. Um schon ein paar Probespiele zu machen, starten Sie einfach mit der Webseite *slottery/au/Casino.html* auf der CD zu diesem Buch.

Bevor es richtig losgehen kann, müssen Sie in Kapitel 2 zunächst die Entwicklungssoftware zu Java und den *JLauncher* installieren, damit alle Beispiele im Buch problemlos funktionieren.

In den Kapiteln 3 bis 13 entwickeln wir das Casino in kleinen Schritten. Grafikgestaltung, Animation, Sound, zeitliche Steuerung, Ereignisverarbeitung, grafische Oberflächen, Klient-Server-Programme und Datenverarbeitung sind wichtige Themen. Ganz nebenbei lernen Sie alle wesentlichen Sprachmerkmale von Java kennen, von den Kontrollstrukturen bis hin zur objektorientierten Programmierung.

In Kapitel 14 zeige ich Ihnen dann die Entwicklung einer interaktiven Karte mit Fotos und Videos am Beispiel von Las Vegas. Schauen Sie sich die Webseite *vegas/ImageMap.html* auf der CD zu diesem Buch an.

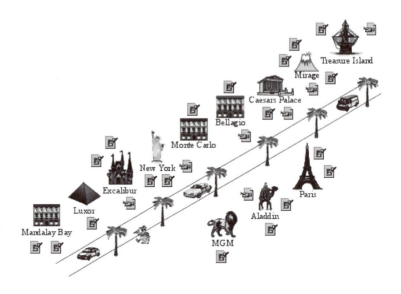

Bild 1.3:
Eine interaktive
Landkarte

Nun sind Sie bereits bestens für eigene Programme gerüstet.

1.3 So finden Sie sich zurecht

Damit das Buch für Sie „echt einfach" bleibt, habe ich einige Elemente in einer anderen Schriftart dargestellt.

Namen von Programmen, Dateien und Pfaden sind kursiv gedruckt, zum Beispiel *JLauncher*. Für Befehle und Beschriftungen wurden Kapitälchen gewählt, zum Beispiel START ♦ EINSTELLUNGEN ♦ SYSTEMSTEUERUNG. Quellcode ist in einer Schrift mit Buchstaben gleicher Breite geschrieben, zum Beispiel `java.lang.String`.

Damit Sie in Arbeitsanleitungen nicht den Überblick verlieren, sind alle Schritte einzeln aufgeführt. Sie sehen dann Kästchen mit Häkchen.

- ☑ Installieren Sie zunächst die Entwicklungssoftware zu Java und den *JLauncher* in Kapitel 2 und führen Sie einige Tests durch.

- ☑ Lesen Sie in Kapitel 3 nach, was ein Hund und eine Katze bei einer objektorientierten Programmiersprache zu suchen haben.

1.4 Die Homepage zu diesem Buch

Ich wünsche Ihnen schon jetzt viel Vergnügen beim Lesen und viel Erfolg beim Programmieren. Sollten Sie auf Probleme stoßen, schicken Sie bitte eine E-Mail an *webmaster@jlauncher.com* mit Ihrer Frage. Ihre Kommentare sind ebenfalls herzlich willkommen.

Auf der Homepage *http://www.jlauncher.com/* finden Sie Updates zur Software und Antworten auf häufig gestellte Fragen. Ich bin sehr gespannt, ob Sie auch den Mut haben, Ihre Meinung zu diesem Buch in das dortige Gästebuch einzutragen.

Wenn Sie alle Kapitel gelesen haben, lohnt es sich für Sie bestimmt, auch noch das Bonuskapitel von der obigen Homepage herunterzuladen. Hier erfahren Sie, wie der Server des Casinos mehrere Spieler gleichzeitig abfertigt, ohne ins Schnaufen zu geraten, und wie Datenbanken zur effizienten Verwaltung der Accounts eingesetzt werden.

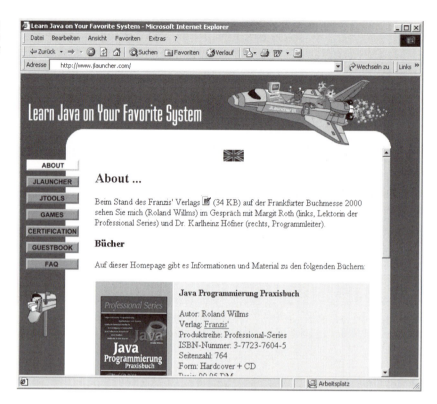

Bild 1.4:
Die Homepage
zum *JLauncher*

Tipp

Wenn ich gut gelaunt bin, habe ich einen Tipp für Sie. Den sollten Sie sich auf jeden Fall anschauen, um nicht zu verpassen, wie Sie sich das Leben mit Java bequemer gestalten können.

Warnung

Wenn die Kaffeetassen von meinem Tablett fliegen, sollten Sie aufpassen, dass Sie beim Programmieren nicht in eine Falle tappen. Beherzigen Sie die Warnungen und ersparen Sie sich weitere Probleme und zusätzlichen Ärger.

2 Wichtige Software installieren

Sun kündigte Java am 23. Mai 1995 offiziell als neues Produkt an. Im Mai 2000 erschien die dritte Überarbeitung der J2SE (Java 2 Platform, Standard Edition), die es für die marktführenden Betriebssysteme Linux, Mac OS, Solaris und Windows gibt. In diesem Kapitel installieren wir das SDK (Software Development Kit) zu Java und richten noch den *JLauncher* ein, der uns unmittelbar erlaubt, Java-Programme zu schreiben und auszuführen.

2.1 Das SDK installieren

Ausführliche Informationen zur J2SE finden Sie auf der Homepage von Sun im Internet über die Adresse *http://java.sun.com/j2se/*.

Bild 2.1: Informationen zur J2SE im Internet

An den unterstrichenen Links ist zu erkennen, dass drei Produkte zur J2SE gehören. Bei der JRE (Java Runtime Environment) handelt es sich um eine abgespeckte Version des SDK. Sie dient lediglich zur Ausführung von Java-Programmen. Um Java-Programme herzustellen, benötigen wir das SDK. Eine paar Docs (Dokumentationen) zur J2SE sind ebenfalls erhältlich.

2.1.1 Zwei Dateien herunterladen

In diesem Buch wollen wir Java-Programme entwickeln. Daher müssen Sie zunächst das SDK von der Webseite herunterladen. Auch die Dokumentationen sind sehr nützlich. Nach dem Download liegen zwei Dateien vor.

- *j2sdk1_3_0-win.exe*, 30.917.485 Bytes (SDK)
- *j2sdk1_3_0-doc.zip*, 22.310.316 Bytes (Docs)

2.1.2 Die Installation durchführen

☑ Die Installation des SDK starten Sie am einfachsten durch einen Doppelklick auf die Datei *j2sdk1_3_0-win.exe*.

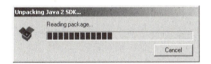

Bild 2.2:
Dateien werden entpackt

Nun erscheint die Oberfläche des Installationsprogramms.

Bild 2.3:
Die Oberfläche des
Installationsprogramms

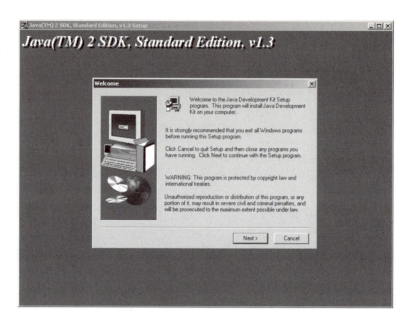

☑ Nach einem Klick auf die Schaltfläche NEXT sehen Sie die Lizenzvereinbarung von Sun zur Nutzung des SDK.

Bild 2.4:
Die Lizenzvereinbarung

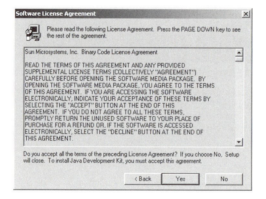

☑ Über NO können Sie die Vereinbarung ablehnen, was aber zum Abbruch der Installation führt. Nach einem Klick auf YES werden Sie nach dem Ordner gefragt, in dem das SDK installiert werden soll, zum Beispiel *C:\jdk1.3*. Mit BROWSE können Sie über die Festplatte wandern und sich einen Ordner aussuchen.

Bild 2.5:
Ein Verzeichnis auswählen

☑ Mit NEXT gelangen Sie zur Auswahl der Bestandteile, die installiert werden sollen. Für dieses Buch sind nur die Program Files (Programmdateien) nötig. Die anderen Teile können Sie bei Bedarf nachinstallieren.

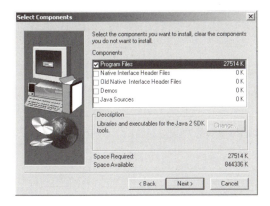

Bild 2.6:
Die Bestandteile aussuchen

☑ Jetzt ist die Befragung abgeschlossen. Ein weiterer Klick auf NEXT löst den Installationsprozess aus.

Das SDK installieren   **19**

Bild 2.7:
Dateien werden kopiert

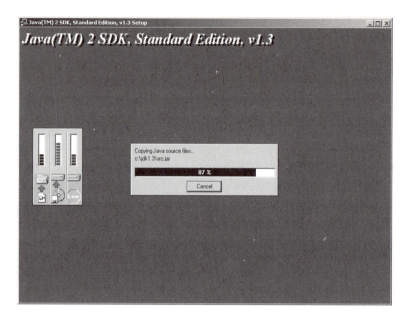

Am Ende dieses Prozesses wird noch eine JRE eingerichtet.

Bild 2.8:
Installation einer JRE

☑ Nach einem Klick auf FINISH ist die Installation beendet.

Bild 2.9:
Das Ende der
Installation

2.1.3 Den Suchpfad anpassen

Um den Überblick über die Dateien auf der Festplatte zu behalten, arbeiten moderne Betriebssysteme mit einer Ordnerstruktur. Ein Ordner kann weitere Ordner und Dateien enthalten. In Dateien liegen Informationen, zum Beispiel für Texte oder Bilder.

Jeder kennt das Problem, verlegte Unterlagen wiederzufinden. Die Sucherei raubt einem oft viel Zeit. Damit das Betriebssystem nicht ständig auf der ganzen Festplatte herumsuchen muss, hat es einen Notizblock. Darauf steht zum Beispiel ein Suchpfad mit einer Liste von Ordnern. Wenn wir ein Programm starten, sieht das Betriebssystem in allen Ordnern des Suchpfades nach, um die ausführbare Datei dieses Programms zu finden.

Die Programme des SDK liegen bei der soeben durchgeführten Installation im Ordner *C:\jdk1.3\bin*. Um sie problemlos zu starten, muss dieser Ordner in den Suchpfad hineingeschrieben werden.

☑ Wählen Sie die Einträge EINSTELLUNGEN ♦ SYSTEMSTEUERUNG im Startmenü aus. Über die Systemsteuerung werden verschiedene Einstellungen von Windows angepasst.

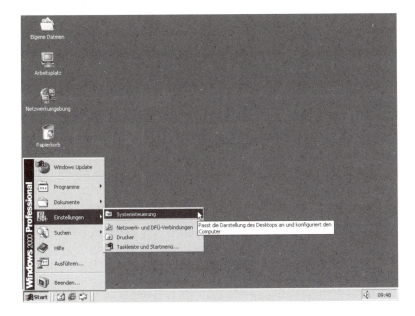

Bild 2.10:
Die Systemsteuerung aufrufen

☑ Um den Suchpfad zu ergänzen, öffnen Sie das Fenster Systemeigenschaften über das Symbol System.

Bild 2.11:
Die geöffnete
Systemsteuerung

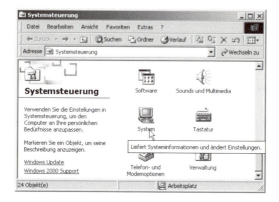

☑ Hier klicken Sie die Registerkarte Erweitert an.

Bild 2.12:
Systemeigenschaften
anpassen

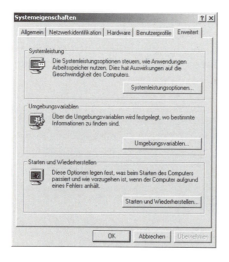

☑ Nun klicken Sie auf die Schaltfläche Umgebungsvariablen. Hier befindet sich der Zettel des Notizblocks mit dem Suchpfad.

Bild 2.13:
Die Umgebungsvariablen verwalten

☑ Über die Schaltfläche NEU im Bereich BENUTZERVARIABLEN FÜR ADMINISTRATOR erscheint der Dialog NEUE BENUTZERVARIABLE. Hier geben Sie die Variable `Path` mit dem Ordner `C:\jdk1.3\bin` an.

Bild 2.14:
Eine neue Benutzervariable einrichten

☑ Nun schließen Sie alle Dialoge und Fenster über OK.

Eine bereits vorhandene Variable anpassen

Wenn die Variable *Path* bereits bei den Benutzervariablen steht, passen Sie ihren Wert über die Schaltfläche BEARBEITEN an. Verwenden Sie ein Semikolon, um die Ordner in der Liste zu trennen.

Ärger mit dem Klassenpfad

Wenn Sie schon mal eine andere Version des SDK installiert haben, löschen Sie bitte die überflüssige Variable *CLASSPATH*, um später einen `NoClassDefFoundError` zu vermeiden.

2.2 Den JLauncher einrichten

Um die einzelnen Tools von Linux, Mac OS, Solaris und Windows zur Entwicklung von Java-Programmen nicht diskutieren zu müssen, verwenden wir den *JLauncher* als IDE (Integrated Development Environment). Er ist vollständig in Java geschrieben und somit unabhängig vom Betriebssystem. Nach seiner Installation können wir einfach ein paar Anweisungen in einen Textbereich tippen, auf eine Schaltfläche klicken, uns zurücklehnen und das Ergebnis am Bildschirm anschauen.

2.2.1 Ein Archiv entpacken

Der *JLauncher* befindet sich im Archiv *JLauncher.zip* auf der CD-ROM zu diesem Buch.

- ☑ Damit Sie kein weiteres Programm zum Entpacken installieren müssen, klicken Sie auf die Datei *JZipper.bat*. Die grafische Oberfläche des *JZipper* erscheint auf dem Bildschirm.

Bild 2.15:
Ein Programm zum
Entpacken eines
Archivs

☑ Über die Schaltfläche ÖFFNEN erscheint ein Dialog, in dem Sie die Datei *JLauncher.zip* auswählen.

Bild 2.16:
Eine Datei auswählen

☑ Die archivierten Dateien erscheinen nun in einer Liste. Über die Schaltfläche DETAILS erhalten Sie zusätzliche Kennzahlen. Um alle Dateien zu entpacken, klicken Sie den ersten Eintrag in der Tabelle an, halten die Taste ⇧ (für Großbuchstaben) gedrückt und tippen solange auf die Taste ↓ (Pfeiltastenblock), bis alle Einträge markiert sind.

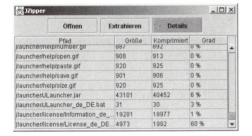

Bild 2.17:
Alle Dateien markieren

Den JLauncher einrichten **25**

☑ Über die Schaltfläche EXTRAHIEREN erscheint ein Dialog, in dem Sie einen Zielordner auswählen. Bei der beschriebenen Installation des SDK handelt es sich um den Ordner *C:\jdk1.3*.

Bild 2.18:
Einen Ordner auswählen

☑ Wählen Sie den Ordner *jdk1.3* aus, sodass sein Name im Textfeld FILE NAME erscheint.

Einfachklicks und Doppelklicks unterscheiden

Klicken Sie den Ordner *jdk1.3* im Dialog nur einmal an, um ihn zu markieren. Bei einem Doppelklick landen Sie im Ordner *jdk1.3* und sehen dessen Inhalt, was hier nicht erwünscht ist.

☑ Ein Klick auf die Schaltfläche OPEN startet den Entpackungsprozess.

Im Ordner *C:\jdk1.3* befindet sich nun der Ordner *jlauncher* mit den Dateien des *JLauncher*.

Wo gibt es die aktuelle Version des *JLauncher*?

Die aktuelle deutschsprachige Version des *JLauncher* können Sie sich aus dem Internet über die Adresse
http://www.jlauncher.com/download/de/JLauncher.zip
herunterladen. Nach dem Download entpacken Sie das Archiv in den Ordner *C:\jdk1.3*, sodass die Dateien des *JLauncher* im Ordner *C:\jdk1.3\jlauncher* liegen.

Den *JLauncher* auf eigene Faust installieren

Verschieben Sie die Datei *JLauncher.zip* in den Ordner *C:\jdk1.3*, öffnen Sie ein Fenster der Eingabeaufforderung, begeben Sie sich in den Ordner *jdk1.3* und führen Sie den Befehl

```
jar -xvf JLauncher.zip
```

aus.

2.2.2 Den JLauncher starten

☑ Zum Starten des *JLauncher* klicken Sie auf die Datei *JLauncher.bat* im Ordner *C:\jdk1.3\jlauncher*.

Den *JLauncher* auf eigene Faust starten

Öffnen Sie ein Fenster der Eingabeaufforderung, begeben Sie sich in den Ordner *jlauncher* und führen Sie den Befehl
```
java -jar JLauncher.jar de DE
```
aus.

☑ Zunächst erscheint ein Fenster mit der Lizenzvereinbarung.

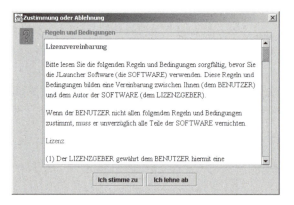

Bild 2.19:
Das Fenster mit der Lizenzvereinbarung

☑ Über die Schaltfläche Ich stimme zu nehmen Sie die Lizenzvereinbarung an. Eine Ablehnung führt zum Abbruch des Starts.

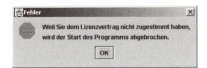

Bild 2.20:
Der Start wird abgebrochen

☑ Wenn Sie der Lizenzvereinbarung zugestimmt haben, sehen Sie noch eine Warnung.

Bild 2.21:
Der *JLauncher* muss konfiguriert werden

☑ Nach einem Klick auf OK erscheint die grafische Oberfläche des *JLauncher* auf dem Bildschirm.

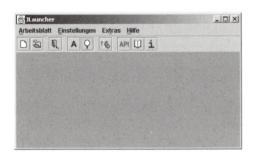

Bild 2.22:
Die grafische Oberfläche des JLauncher

2.2.3 Den JLauncher konfigurieren

Bei der Ausführung von Java-Programmen greift der *JLauncher* auf einige Tools des SDK im Ordner *C:\jdk1.3\bin* zu.

☑ Rufen Sie das Menü EINSTELLUNGEN ♦ KONFIGURATION auf oder klicken Sie auf die entsprechende Schaltfläche und füllen Sie die Textfelder aus.

Den JLauncher einrichten **29**

Bild 2.23:
Den *JLauncher*
konfigurieren

Konflikte vermeiden

Tragen Sie die absoluten Pfade zu den Programmen ein, wenn Sie mehrere SDK verschiedener Versionen installiert haben, also zum Beispiel *C:\jdk1.3\bin\javac.exe* im Textfeld COMPILER.

2.2.4 Die Konfiguration testen

☑ Kopieren Sie alle Dateien aus dem Ordner *worksheets\02* auf der CD-ROM zu diesem Buch in den Ordner *C:\jdk1.3\jlauncher*.

☑ Rufen Sie das Menü ARBEITSBLATT ♦ ÖFFNEN auf und wählen Sie das Arbeitsblatt *Slot.ws* aus.

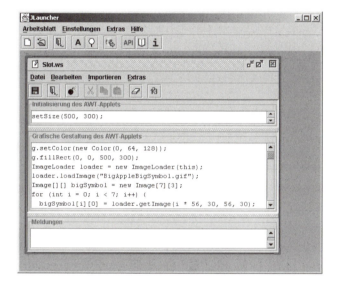

Bild 2.24:
Ein Arbeitsblatt
auswählen

☑ Über die Schaltfläche OPEN erscheint dieses Arbeitsblatt auf dem Desktop des *JLauncher*.

Bild 2.25:
Ein Arbeitsblatt
für ein Applet

In den Textbereichen des Arbeitsblattes stehen Anweisungen, die in Java geschrieben sind.

☑ Rufen Sie jetzt das Menü BEARBEITEN ♦ AUSFÜHREN auf.

Bild 2.26:
Ein Fenster des Applet
Viewers mit einem Slot

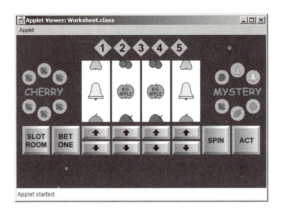

Ein Fenster des Applet Viewers erscheint und zeigt eine Slotmaschine. Sie können dieses Fenster nun wieder schließen.

☑ Das Arbeitsblatt *Slot.ws* verschwindet vom Desktop, wenn Sie das Menü DATEI ♦ SCHLIESSEN aufrufen.

Im Ordner *C:\jdk1.3\jlauncher* liegt nun eine neu hinzugekommene Datei *Worksheet.html*, die vom *JLauncher* erzeugt wurde. Nach einem Doppelklick erscheint die Webseite im *Microsoft Internet Explorer*.

Bild 2.27:
Die Slotmaschine
im Browser

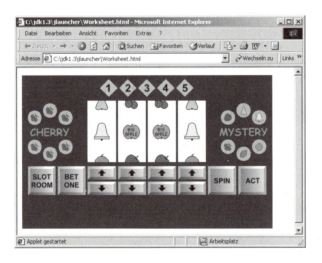

Bei dem Java-Programm, das Sie soeben kennen gelernt haben, handelt es sich um ein Applet. Sie müssten die Webseite zusammen mit den Bildern und Programmen nur noch auf einen Server ins Internet verfrachten, damit sie von anderen Nutzern angeschaut werden kann. Jetzt sollen Sie noch eine Applikation kennen lernen, die ein alleinstehendes Programm ist und daher in einem eigenen Fenster abläuft.

☑ Rufen Sie das Menü ARBEITSBLATT ♦ ÖFFNEN auf und wählen Sie das Arbeitsblatt *Address.ws* aus.

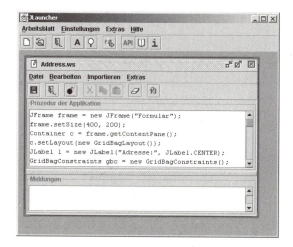

Bild 2.28:
Ein Arbeitsblatt für eine Applikation

☑ Die Ausführung dieses Arbeitsblattes geschieht wieder über das Menü BEARBEITEN ♦ AUSFÜHREN.

Bild 2.29:
Ein Formular in einem eigenen Fenster

Nun erscheint ein Fenster mit einem Formular. In seine Textfelder können Sie bereits die persönlichen Daten eines Spielers eintragen.

☑ Sie können das Formular nun wieder schließen. Das Arbeitsblatt *Address.ws* verschwindet vom Desktop, wenn Sie das Menü DATEI ♦ SCHLIEẞEN aufrufen.

Damit sind die ersten Tests abgeschlossen. Wenn Sie den Slot und das Formular gesehen haben, war die Installation des SDK und des *JLauncher* erfolgreich. In den nächsten Kapiteln läuft alles dann wie geschmiert.

Wenn es Probleme gibt ...

Bei Problemen mit der Installation des SDK oder des *JLauncher* lesen Sie sich bitte zunächst die Antworten auf häufig gestellte Fragen (FAQ, frequently asked questions) auf der Homepage *http://www.jlauncher.com/* zu diesem Buch durch. Danach können Sie mir eine E-Mail mit Ihrem Problem schicken.

Im nächsten Kapitel erkläre ich Ihnen die Anweisungen im Arbeitsblatt *Slot.ws*. Ihre erste Aufgabe wird es sein, die grafische Oberfläche eines weiteren Slots zu gestalten. Ich bin schon sehr auf Ihre ersten Programmierversuche gespannt.

3 Grafiken gestalten

In Kapitel 2 haben wir das SDK und den *JLauncher* installiert sowie zwei Tests zur Funktionsüberprüfung durchgeführt. Nun geht es um die Gestaltung der grafischen Oberfläche einer Slotmaschine. Die dazu notwendigen Bilder liefert uns ein Bildlader. Ganz automatisch stoßen wir dabei auf die ersten wichtigen Begriffe der objektorientierten Programmierung, zum Beispiel Objekt, Klasse, Feld, Konstruktor, Methode. Zur Veranschaulichung dieser Begriffe werfen wir einen Blick in die reale Welt und untersuchen, was passiert, wenn wir eine Katze bei einem Hund vorbeischicken.

3.1 Was sind Objekte?

Ein Lexikon dient zur Erläuterung von Begriffen. Zum Beispiel könnte unter dem Stichwort *Katze* Folgendes stehen: „Katzen sind Raubtiere mit starken Reißzähnen und scharfen Krallen, die zum Einfangen von Mäusen dienen. Wegen des Triebs zum Wildern wagen sie sich auch an Vögel heran. Hunde sind bei ihnen nicht so beliebt. Bei Gefahr können sie mit ihren sanften Tatzen gewandt auf Bäume klettern. Im ausgewachsenen Alter haben sie eine Länge von …".

Nun haben wir bereits eine klare Vorstellung von einer Katze und können drei Fragen problemlos beantworten.

- ☑ Was ist eine Katze? (Ein Raubtier)

- ☑ Was hat eine Katze? (Starke Reißzähne, scharfe Krallen, sanfte Tatzen, ein Alter und eine Länge)

- ☑ Was macht eine Katze? (Mäuse einfangen, sich an Vögel heranwagen, mit Hunden kämpfen, auf Bäume klettern)

Objekte sind dadurch gekennzeichnet, dass wir diese drei Fragen beantworten können.

3.1.1 Eigenschaften in Klassen aufschreiben

Um dem Computer zu erklären, was eine Katze ist, schreiben wir die Erläuterung im Lexikon in seiner Sprache auf. Dazu ist eine Programmiersprache nötig. In diesem Buch wurde Java als Programmiersprache gewählt. In Java bringen wir die Antworten auf die drei Fragen in einer Klasse unter. Eine Klasse ist also nichts anderes als eine allgemeine Beschreibung. Häufig bezeichnen wir eine Klasse auch als Bauplan für Objekte.

In Texten geht der Überblick über Details schnell verloren. Daher stellen wir die Antworten auf die drei Fragen zunächst in einem Diagramm zusammen. Noch vor wenigen Jahren wurden diese Diagramme von den Programmierern nach eigenen Wünschen und Vorstellungen gestaltet. Mittlerweile hat sich ein weltweiter Standard entwickelt, so dass wir im gesamten Buch die UML (Unified Modeling Language) verwenden.

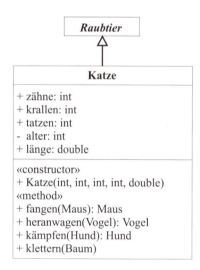

Bild 3.1:
UML-Diagramm der Katze

Das UML-Diagramm für die Klasse der Katze besteht aus drei Zellen. In der oberen Zelle steht ihr Name in fetter Schrift. In der mittleren Zelle befinden sich die Antworten auf die Frage „Was hat die Katze?". In der unteren Zelle finden wir die Antworten auf die Frage „Was macht die Katze?".

Um die Antwort auf die Frage „Was ist eine Katze?" darzustellen, zeichnen wir einen durchgezogenen Pfeil, der ein ungefülltes Dreieck als Spitze hat. An diesen Pfeil können Sie in Gedanken „ist ein" schreiben. Eine Katze ist also ein Raubtier. Als verkürzte Darstellung für die Klasse des Raubtiers dient eine einzige Zelle. Der Name ist kursiv gedruckt, weil ein Raubtier etwas Abstraktes ist.

Die weiteren Details im UML-Diagramm der Katze besprechen wir in Kürze.

Die UML beherzigen

Wenn Sie zur Veranschaulichung von Klassen nicht die UML verwenden, kann es Ihnen leicht passieren, dass niemand an Ihren Programmierideen interessiert ist. Die zeitaufwändige und zurecht gefürchtete Einarbeitung in Ihre eigene Symbolik wirkt als abschreckender Faktor bei Ihren Präsentationen.

3.1.2 Den Zustand von Objekten durch Felder beschreiben

Zum Zustand einer Katze gehören zunächst reine Äußerlichkeiten, zum Beispiel die Anzahl der Tatzen.

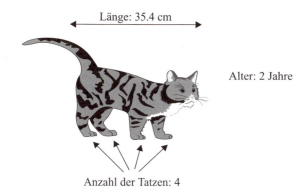

Bild 3.2:
Der Zustand einer Katze

Es gibt aber auch Dinge, die wir nicht so einfach von außen sehen können, zum Beispiel das Alter. Wir können es zwar schätzen, aber nur die Katze selbst weiß, wie alt sie ist.

In UML-Diagrammen unterscheiden wir öffentliche und private Eigenschaften. Vor `zähne`, `krallen`, `tatzen` und `länge` steht ein Plus-Zeichen, weil diese Eigenschaften zu den öffentlichen Teilen des Zustands gehören. Vor die Eigenschaft `alter` kommt ein Minus-Zeichen, weil wir es mit einem privaten Teil des Zustands zu tun haben.

Die Teile des Zustands werden fachlich als Felder bezeichnet. Hinter allen Feldern steht ein Doppelpunkt mit dem zugehörigen Typ. Zum Beispiel hat das Feld `tatzen` den Wert `4` und das Feld `länge` den Wert `35.4`. In Java kennzeichnet `int` den Typ für Ganzzahlen und `double` den Typ für Fließkommazahlen. Also hat `tatzen` den Typ `int` und `länge` den Typ `double`.

Bild 3.3:
Die Felder der Katze

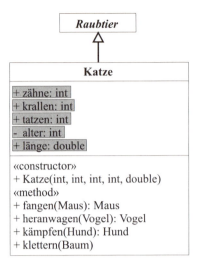

3.1.3 Objekte mit Konstruktoren erschaffen

Bevor wir in einem Java-Programm mit einer Katze arbeiten können, müssen wir erstmal eine haben. Zu diesem Zweck gibt es Konstruktoren, die unter dem Stichwort «constructor» aufgeführt sind.

Bild 3.4:
Die Konstruktoren
der Katze

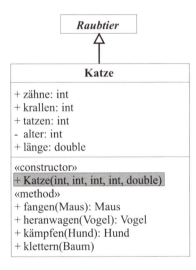

Wenn der Konstruktor privat wäre, könnten wir keine Katze erschaffen. Daher sehen wir zunächst ein Plus-Zeichen. Es folgt der

Bezeichner des Konstruktors, der in Java immer mit dem Bezeichner der Klasse identisch ist. Dahinter kommt noch ein rundes Klammerpaar mit einer Liste von Werten.

Mit der Anweisung

```
Katze pussy = new Katze(12, 5, 4, 3, 41.5);
```

erschaffen wir eine Katze mit dem Namen pussy, die 12 Zähne, 5 Krallen und 4 Tatzen hat, 3 Jahre alt und 41.5 cm lang ist.

Den allgemeinen Aufbau der letzten Anweisung sehen wir uns nun etwas genauer an.

Bild 3.5: Anweisung zur Erschaffung eines Objekts

Um ein Objekt später im Programm ansprechen zu können, geben wir ihm einen Bezeichner. Zum Beispiel hat die Katze den Namen pussy. Wenn wir die Katze später beim Hund vorbeischicken wollen, müssen wir nur noch „pussy, schau mal beim doggy vorbei" sagen. Ein Platzhalter für Informationen wird fachlich als Variable bezeichnet. Die Katze pussy ist eine solche Variable. Variabel bedeutet veränderbar, was wir leicht nachvollziehen können, wenn wir daran denken, wie die Katze nach ihrer Begegnung mit dem Hund aussieht.

Wenn wir eine neue Variable in einem Programm einführen, schreiben wir den Typ vor ihren Bezeichner. Ansonsten weiß der Computer nicht, dass pussy eine Katze und doggy ein Hund ist. So verhindern wir, dass der Hund vor der Katze wegläuft.

Das Schlüsselwort new weist darauf hin, dass wir ein neues Objekt erschaffen. Hinter new kommt der Bezeichner des Konstruktors, der in Java mit dem Typ der Variablen identisch sein muss. Daher kommt in unserem Beispiel der Bezeichner Katze zweimal vor.

In einem runden Klammerpaar führen wir schließlich alle Werte auf, die der Konstruktor verlangt. Der Konstruktor für die Katze erhält die Werte 12, 5, 4, 3 und 41.5, die an die Felder weitergereicht werden. Der Zustand der Katze pussy liegt damit fest.

3.1.4 Variablen bezeichnen

Bezeichner müssen mit einem Buchstaben, dem Dollar-Zeichen $ oder dem Unterstrich-Zeichen _ beginnen. Dann dürfen Buchstaben, Dollar-Zeichen, Unterstrich-Zeichen oder Ziffern folgen.

Zum Beispiel sind `pussy` und `$123` gültige Bezeichner. `3malHoch` (beginnt mit einer Ziffer) und `pus+sy` (enthält ein Plus-Zeichen) zählen zu den verbotenen Bezeichnern.

Einige Bezeichner sind für besondere Zwecke reserviert und dürfen nicht für Variablen verwendet werden.

- Benutzt als Datentypen: `boolean, byte, char, double, float, int, long, short`
- Benutzt als Werte: `false, null, true`
- Benutzt bei Objekten: `instanceof, new, this, super`
- Benutzt in Anweisungen: `if, else, switch, case, default, break` (in Auswahlanweisungen), `for, do, while, continue` (in Iterationsanweisungen), `return, throw` (beim Datentransfer), `synchronized, try, catch, finally` (bei der Überwachung)
- Benutzt bei Feldern, Konstruktoren und Methoden: `abstract, final, native, private, protected, public, static, throws, transient, void, volatile`
- Benutzt bei Klassen: `class, extends, implements, import, interface, package`
- Reserviert für zukünftige Zwecke: `const, goto`

Auch wenn Ihnen außer `new` nichts Weiteres bekannt vorkommt, werden Sie auf viele dieser Schlüsselwörter im Laufe des Buches noch stoßen.

Prägen Sie sich die Schlüsselwörter gut ein!

Hoffentlich passiert es Ihnen in der Praxis nicht, dass Sie einen verbotenen Bezeichner aus der obigen Liste für eine Variable wählen. Bei merkwürdigen Fehlermeldungen sollten Sie aber auch an diese Ursache denken. Ich habe schon selbst mal ein altes Passwort old gegen ein neues Passwort new ausgetauscht – und schon war es passiert.

Auf Groß- und Kleinschreibung achten!

Java legt auf Groß- und Kleinschreibung sehr großen Wert. Daher dürfen Sie zum Beispiel NEW als Bezeichner für eine Variable nehmen, obwohl das kleingeschriebene new reserviert ist.

3.1.5 Das Verhalten von Objekten durch Methoden ausdrücken

Mit Methoden kommunizieren Objekte miteinander. Um zu erklären, wie das funktioniert, benötigen wir außer der Katze noch einen Hund.

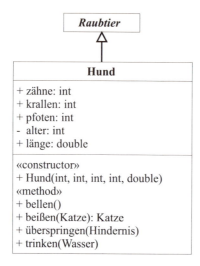

Bild 3.6:
UML-Diagramm
für den Hund

Einen Hund mit dem Namen doggy, der 24 Zähne, 5 Krallen und 4 Pfoten hat, 6 Jahre alt und 62.7 cm lang ist, erschaffen wir mit der Anweisung

```
Hund doggy = new Hund(24, 5, 4, 6, 62.7);
```

Für das Verhalten des Hundes gibt es Methoden, die unter dem Stichwort «method» aufgeführt sind. Ein Hund kann daher bellen, eine Katze beißen, ein Hindernis überspringen und Wasser trinken.

Um eine Methode aufzurufen, verbinden wir sie über einen Punkt mit dem Täter. Zum Beispiel lässt die Anweisung

```
doggy.bellen();
```

den Hund bellen.

Es gibt auch Methoden, die im runden Klammerpaar einige Opfer verlangen. Zum Beispiel sorgt die Anweisung

```
doggy.beißen(pussy);
```

dafür, dass der Hund die Katze beißt.

Bild 3.7:
Hund und Katze
kommunizieren

Die verärgerte Katze beginnt mit der Anweisung

`pussy.kämpfen(doggy);`

den Kampf mit dem Hund.

Den allgemeinen Aufbau der letzten drei Anweisungen sehen wir uns nun etwas genauer an.

`Täter . Methode ( Liste mit Opfern );`

Bild 3.8:
Anweisung zum Aufruf
einer Methode

Wir starten mit dem Bezeichner des Täters, in dessen Bauplan die gewünschte Methode steht. In den runden Klammern übergeben wir eine Liste mit Opfern, die von der Methode bearbeitet werden sollen. Einige Methoden verlangen keine Opfer, so dass wir nichts in die Klammern einfügen.

Öffentliche Methoden dürfen wir ohne weitere Einschränkungen aufrufen. Daher sehen wir in den UML-Diagrammen des Hundes und der Katze ein Plus-Zeichen vor den Methoden.

Bei einer Methode, die ein Ergebnis liefert, folgt noch ein Doppelpunkt mit dem Typ des Ergebnisses. Zum Beispiel liefert die Methode `beißen` eine ziemlich verärgerte Katze. Nach dem Aufruf der Methode `kämpfen` erhalten wir einen noch böseren Hund.

Was sind Objekte?   **45**

Bild 3.9:
Die Methoden von der Katze und dem Hund

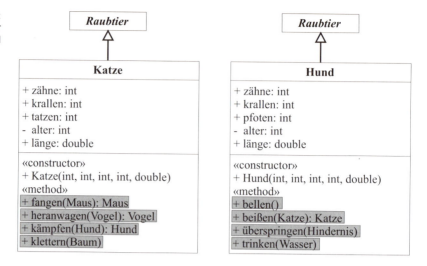

Den Teil vor dem Semikolon in einer Anweisung bezeichnen wir fachlich als Ausdruck. Ausdrücke liefern häufig Ergebnisse, die wir sofort weiterverarbeiten dürfen.

Zum Beispiel liefert der Ausdruck

`doggy.beißen(pussy)`

eine Katze, weil hinter der Methode `beißen` im UML-Diagramm des Hundes der Typ `Katze` steht. Daher kann der gesamte Ausdruck als verärgerte Katze dienen.

Bild 3.10:
Ergebnisse weiter verarbeiten

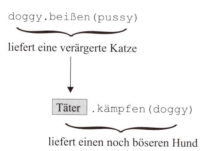

Wir erhalten nun den Ausdruck

`doggy.beißen(pussy).kämpfen(doggy)`

in dem die verärgerte Katze nach dem Biss sofort loskämpft.

Den Kampf zwischen Katze und Hund beschreiben wir insgesamt durch die Anweisung

```
doggy.beißen(pussy).kämpfen(doggy);
```

Die Verkettung von Methoden ist in der objektorientierten Programmierung an vielen Stellen sehr beliebt.

3.1.6 Die Werte von Feldern abfragen

Nachdem wir wissen, wie mit Konstruktoren und Methoden gearbeitet wird, fehlen noch die Felder.

Auf Feldern liegen Werte, die den gegenwärtigen Zustand eines Objekts beschreiben. Zum Beispiel kommen wir über das Feld zähne an die Anzahl der Zähne der Katze pussy heran. Der zugehörige Ausdruck ist

```
pussy.zähne
```

und liefert einen Wert des Typs int, weil das Feld zähne den Typ int hat.

Den allgemeinen Aufbau des letzten Ausdrucks sehen wir uns nun genauer an.

| Täter | . | Feld |

Bild 3.11: Ausdruck zum Aufruf eines Feldes

Um den Wert eines Feldes abzufragen, verbinden wir seinen Bezeichner über einen Punkt mit dem Täter, in dessen Bauplan das Feld steht.

Um zu überprüfen, ob die Katze beim Kampf mit dem Hund ein paar Zähne verloren hat, berechnen wir die Differenz zwischen der Anzahl der Zähne vor dem Kampf und nach dem Kampf. Zu diesem Zweck führen wir die Variablen vorher und nachher ein. Weil es sich um Ganzzahlen handelt, haben sie den Typ int.

```
int vorher = pussy.zähne;
doggy.beißen(pussy).kämpfen(doggy);
int nachher = pussy.zähne;
```

Das Ergebnis der Rechnung vorher - nacher liefert die Anzahl der verlorenen Zähne.

Den allgemeinen Aufbau der ersten und dritten Anweisung sehen wir uns nun genauer an.

Bild 3.12:
Anweisung zur Einrichtung einer Variablen

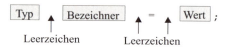

Im Prinzip ist dieser Aufbau mit dem Bild 3.5 identisch. Den Ausdruck zur Erschaffung eines Objekts haben wir lediglich durch einen beliebigen Wert ersetzt.

Bild 3.13:
Ausdruck zur Erschaffung eines Objekts

Mit dem Operator = weisen wir den Wert auf der rechten Seite der Variablen auf der linke Seite zu. Um dem Computer mitzuteilen, dass er etwas ausführen soll, setzen wir ein Semikolon ans Ende. Anweisungen enthalten an ihrem Ende immer ein Semikolon.

Primitive und referenzierende Typen unterscheiden

Java unterscheidet primitive Werte, wozu zum Beispiel `int` und `double` gehören, und referenzierende Werte, wozu zum Beispiel alle Objekte zählen. Konstruktoren gibt es nur für Objekte, weil sie sehr kompliziert aufgebaut sind. Primitive Werte hingegen sind so einfach, dass wir sie direkt aufschreiben können, zum Beispiel die Ganzzahl 4. Der Typ eines primitiven Werts beginnt immer mit einem kleinen Buchstaben, zum Beispiel `int`. Bei einem referenzierenden Typ finden wir an der ersten Stelle einen großen Buchstaben, zum Beispiel `Katze`.

Wenn Sie bis jetzt alles einigermaßen gut verstanden haben, wissen Sie bereits, wie mit Objekten gearbeitet wird. Ein wesentlicher Teil des objektorientierten Charakters von Java liegt somit hinter uns. Im Rest des Buches geht es größtenteils darum, die Baupläne kennen zu lernen, die mit dem SDK geliefert werden. Wie wir uns selbst Baupläne schreiben, besprechen wir in Kapitel 5.

Lesen Sie die Einführung ab und zu noch einmal!

Alles Wichtige zum Thema „Arbeiten mit Objekten" haben wir nun besprochen. Es lohnt sich sehr, den bisherigen Text regelmäßig zu wiederholen, um sich die wesentlichen Ideen einzuprägen.

3.2 Einfache Figuren malen

Der Computer kann mit Katzen und Hunden leider nichts anfangen. Daher kümmern wir uns im folgenden Beispiel aus der Praxis um die Gestaltung der grafischen Oberfläche einer Slotmaschine.

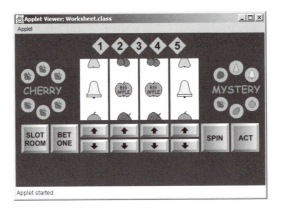

Bild 3.14:
Die grafische Oberfläche eines Slots

3.2.1 Woraus besteht der Bildschirm?

Ein rechteckiger Bereich des Bildschirms setzt sich aus gefärbten Pixeln (Quadrate) zusammen, zwischen denen wir Punkte (Kreise) anordnen können. Ab einer gewissen Entfernung vom Bildschirm verschwinden die Abstände zwischen den Pixeln. Das menschliche Auge empfindet die gesamte Anordnung dann als Bild.

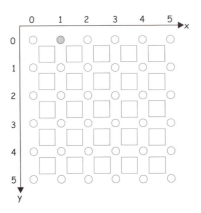

Bild 3.15:
Pixel und Koordinaten

Ein Punkt ist durch zwei Koordinaten festgelegt. Die x-Achse des Koordinatensystems zeigt nach rechts und die y-Achse nach unten. Der zweite Punkt von links in der oberen Reihe mit der Markierung hat die x-Koordinate 1 und die y-Koordinate 0. Als Koordinatenpaar für den Punkt erhalten wir also (1, 0).

3.2.2 Eine weiße Fläche anzeigen

☑ Rufen Sie im *JLauncher* das Menü ARBEITSBLATT ♦ NEU auf. Es erscheint ein Dialog, in dem Sie die Option APPLET auswählen.

Bild 3.16:
Den Typ des Arbeitsblattes angeben

☑ Über OK erscheint ein weiterer Dialog, in dem Sie die Option AWT (Abstract Window Toolkit) auswählen.

Bild 3.17:
Den Typ des Applets angeben

☑ Nach einem Klick auf OK sehen Sie ein Arbeitsblatt für ein AWT-Applet auf dem Desktop des *JLauncher*.

☑ Tippen Sie die Anweisung `setSize(500, 300);` in den Textbereich INITIALISIERUNG DES AWT-APPLETS hinein.

Bild 3.18:
Ein Arbeitsblatt
für ein AWT-Applet

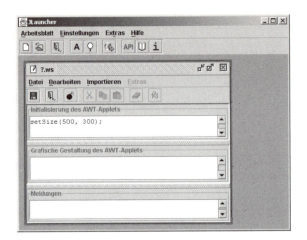

☑ Um das Arbeitsblatt auszuführen, rufen Sie das Menü BE-ARBEITEN ♦ AUSFÜHREN auf. Nach kurzer Zeit erscheint ein Fenster des Applet Viewers mit einer weißen Fläche auf dem Bildschirm, die 500 Pixel breit und 300 Pixel hoch ist.

Bild 3.19:
Ein weißer Bereich
im Fenster des
Applet Viewers

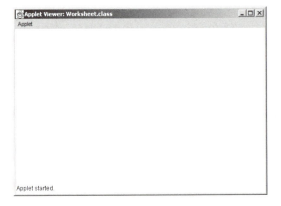

Die Größe des Bereichs überprüfen

Wenn Sie das Fenster des Applet Viewers fotografieren und die Größe der weißen Fläche in einem Malprogramm nachmessen, müssen Sie ein paar Pixel von der Höhe abziehen. Unten im Applet Viewer befindet sich noch eine weiße Statuszeile.

3.2.3 Was sind Applets?

Zu einem Applet können wir drei Fragen beantworten.

- ☑ Was ist ein Applet? (Eine Komponente, also ein Bestandteil einer grafischen Benutzeroberfläche)

- ☑ Was hat ein Applet? (Eine Hintergrundfarbe, eine Breite und eine Höhe)

- ☑ Was macht ein Applet? (Sich mit einer Hintergrundfarbe und einer Größe initialisieren, Figuren auf seine Grafik malen)

Bild 3.20:
UML-Diagramm
eines Applets

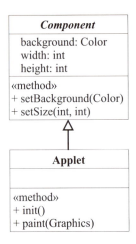

Der Pfeil drückt aus, dass ein Applet eine Komponente ist. Daher übertragen sich die Eigenschaften einer Komponente automatisch auf ein Applet, auch wenn sie in dessen Bauplan nicht vorkommen. In unserem Beispiel handelt es sich bei der weißen Fläche um ein Applet.

Eine solche Vererbung von Eigenschaften können wir auch in den UML-Diagrammen der Katze und des Hundes deutlich machen.

Bild 3.21:
Vererbung von Eigenschaften bei einer Katze und einem Hund

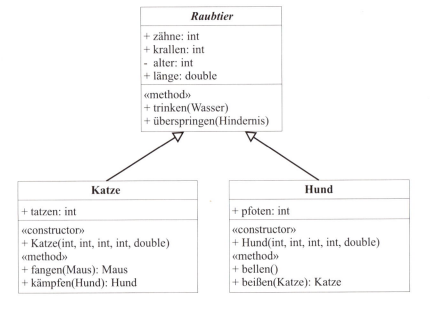

Alle Eigenschaften, die für die Katze und den Hund gleich sind, schreiben wir in die Klasse Raubtier hinein. Wenn ein Raubtier in der Lage ist, Wasser zu trinken oder ein Hindernis zu überspringen, überträgt sich das automatisch auf die Katze und den Hund. Die individuellen Eigenschaften kommen hingegen in den Bauplan Katze oder Hund.

3.2.4 Was sind Arbeitsblätter?

Bei einem Arbeitsblatt für ein AWT-Applet handelt es sich um einen speziellen Bauplan für ein Applet.

In Java gibt es zwei Arten, grafische Oberflächen zu gestalten. Das AWT mit etwas altertümlichen Komponenten wird seit der Version 1.0 ausgeliefert. Swing ist erst in der Version 1.2 hinzugekommen, bietet aber moderne Komponenten mit professionelleren Funktionen.

Weil der *Microsoft Internet Explorer 5.5* nur die Version 1.1 beherzigt, funktionieren Applets mit Swing nicht. Der *Netscape 6* hat bereits eine Maschine auf dem Stand der Version 1.3 eingebaut. Trotzdem nützt uns das wenig, weil der *Microsoft Internet Explorer* einen großen Marktanteil hat und wir auf die zugehörige Benutzergruppe im Internet nicht verzichten wollen.

Ein Arbeitsblatt für ein AWT-Applet enthält drei Textbereiche.

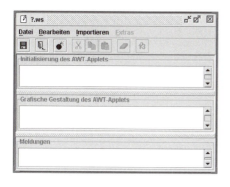

Bild 3.22:
Ein Arbeitsblatt
für ein AWT-Applet

☐ Oberer Textbereich: Anweisungen zur Initialisierung des Applets, siehe Methode init in der Klasse Applet.

☐ Mittlerer Textbereich: Anweisungen zur grafischen Gestaltung des Applets, siehe Methode `paint` in der Klasse `Applet`.
☐ Unterer Textbereich: eventuelle Fehlermeldungen, die beim Ausführen des Arbeitsblattes entstehen.

Um die Funktion der Textbereiche zu verstehen, werfen wir einen tieferen Blick in den Bauplan `Katze`.

Bild 3.23:
Auf der Mäusejagd

Eine Katze kann mit der Methode `fangen` eine Maus jagen, was zu ihrem Verhalten gehört. Diese Mäusejagd ist durch eine Abfolge von einzelnen Schritten gekennzeichnet, zum Beispiel BEOBACHTEN, ANSCHLEICHEN, SPRINGEN, FESTHALTEN, SPIELEN, LAUFENLASSEN ... Hierbei handelt es sich um eine Kette von Anweisungen, die nacheinander ausgeführt werden.

Bei der Initialisierung eines Applets mit der Methode `init` führen wir ebenfalls einige Anweisungen aus, zum Beispiel BREITE EINSTELLEN, HÖHE EINSTELLEN, HINTERGRUNDFARBE SETZEN ... Diese Anweisungen können wir in den oberen Textbereich des Arbeitsblattes für ein AWT-Applet hineinschreiben.

Um zum Beispiel eine weiße Fläche auf dem Bildschirm anzuzeigen, haben wir die Anweisung

`setSize(500, 300);`

in den oberen Textbereich geschrieben.

Die Methode `setSize` steht in der Klasse `Component` und wird über die Klasse `Applet` an das Arbeitsblatt für ein AWT-Applet vererbt, sodass sie bekannt ist. Doch wo finden wir den Hund und die Katze wieder?

Die Frage nach der Katze ist leicht zu beantworten. Als Opfer übergeben wir zwei Ganzzahlen des Typs `int`, mit denen wir die Breite und die Höhe des Applets festlegen. Der Täter vor der Methode fehlt jedoch.

Um zu verstehen, warum wir in diesem Fall keinen Täter benötigen, ersetzen wir die Anweisung im oberen Textbereich probeweise durch

```
this.setSize(500, 300);
```

Bei einer Ausführung des Arbeitsblattes erscheint wieder eine weiße Fläche auf dem Bildschirm. Der Täter der Methode ist demnach `this`, also das gegenwärtige Objekt, in dem sie aufgerufen wird.

Eine kleine Verabredung

Wenn wir das Objekt, in dessen Bauplan wir gerade sind, als Täter verwenden wollen, lassen wir den Hinweis `this` weg. Übergeben wir es hingegen als Opfer, dürfen wir auf `this` nicht verzichten.

3.2.5 Die Hintergrundfarbe festlegen

Die Methode `setBackground` in der Klasse `Component` verlangt als Argument eine Farbe. Die Klasse `Color` enthält einen Konstruktor, der drei Farbwerte als Ganzzahlen verlangt. Sie müssen im Bereich von 0 bis 255 liegen und kennzeichnen den roten, grünen und blauen Anteil der Farbe. Es kommt also das weit verbreitete RGB-Farbmodell zum Einsatz. Mit den Methoden `getRed`, `get-Green` und `getBlue` gewinnen wir die Anteile einer Farbe zurück.

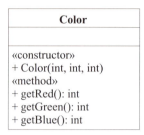

Bild 3.24:
UML-Diagramm
einer Farbe

Im Ordner *worksheets\03* auf der CD-ROM zu diesem Buch finden Sie das Arbeitsblatt *JColorChooser.ws*. Wenn Sie es ausführen, erscheint ein Farbwähler auf dem Bildschirm. Die Registerkarte RGB ermöglicht eine Vorschau der Farbe mit dem Rot-, Grün- und Blauanteil, die durch die Schieber eingestellt sind.

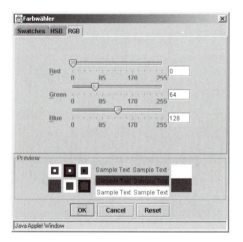

Bild 3.25:
Farben im RGB-Modell
auswählen

Die Hintergrundfarbe bei einer Slotmaschine ist dunkelblau und hat die Anteile 0, 64 und 128. Weil die Methode `setBackground` im Applet bekannt ist, müssen wir den Täter `this` nicht angeben. Als Opfer übergeben wir ihr eine neu erschaffene Farbe mit den gewünschten Anteilen. Die Anweisung

```
setBackground(new Color(0, 64, 128));
```

sorgt also für die dunkelblaue Hintergrundfarbe.

In den runden Klammern der Methode `setBackground` haben wir die Farbe direkt erschaffen, ohne vorher eine Variable einzurichten. Das hätten wir auch mit der Katze `pussy` machen können. In der Anweisung

```
doggy.beißen(new Katze(12, 5, 4, 3, 41.5));
```

erschaffen wir eine Katze mit 12 Zähnen, 5 Krallen und 4 Tatzen, die 3 Jahre alt und 41.5 cm lang ist. Sobald sie geboren ist, beißt schon der Hund zu. Nun hat sie keine Chance mehr, sich auszuruhen und muss sofort mit dem Hund kämpfen.

- ☑ Fügen Sie die Anweisung zur Änderung der Hintergrundfarbe des Applets im oberen Textbereich des letzten Arbeitsblattes hinzu.

- ☑ Nach der Ausführung sehen Sie im unteren Textbereich eine Fehlermeldung.

Bild 3.26:
Eine Klasse ist unbekannt

Offensichtlich ist die Klasse `Color` im Arbeitsblatt unbekannt, obwohl sie mit dem SDK geliefert wird.

Um nicht den Überblick über die zahlreichen Klassen zu verlieren, sind sie in einer Ordnerstruktur sortiert. Wenn wir in Kapitel 2 zusätzlich die Quellen installiert hätten, wäre im Ordner *C:\jdk1.3* der Ordner *src* mit allen Klassen entstanden.

Bild 3.27:
Verschiedene Ordner
für Baupläne

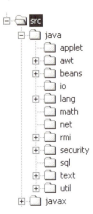

Zum Beispiel liegt im Ordner java der Ordner awt mit der Klasse Color. Wenn wir diese Bezeichner mit Punkten aneinanderhängen, entsteht der Name java.awt.Color.

Damit die Klasse Color im Arbeitsblatt bekannt ist, müssen wir sie importieren. Dies geschieht über das Menü IMPORTIEREN.

Bild 3.28:
Ein Paket importieren

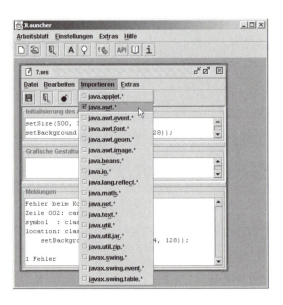

Wenn wir später umfangreiche Programme schreiben, müssen wir gleichzeitig mehrere Klassen importieren. Um sich hier Arbeit zu sparen, gibt es im Menü IMPORTIEREN keine Kontrollkästchen für einzelne Klassen, sondern gleich für ganze Ordner.

Eine Sammlung von Klassen mit ähnlichem Zweck wird fachlich als Paket bezeichnet. Zum Beispiel liegen im Paket `java.awt` alle Klassen zur Gestaltung grafischer Benutzeroberflächen mit dem AWT. Um anzudeuten, dass wir alle Klassen dieses Pakets importieren, verwenden wir einen Asterisk. Wenn wir also das Kontrollkästchen `java.awt.*` aktiviert haben, importieren wir alle Klassen des Pakets `java.awt`.

☑ Importieren Sie das Paket `java.awt` durch Aktivierung des zugehörigen Kontrollkästchens im Menü IMPORTIEREN.

☑ Rufen Sie das Menü BEARBEITEN ♦ AUSFÜHREN auf. Auf dem Bildschirm erscheint nun eine dunkelblaue Fläche.

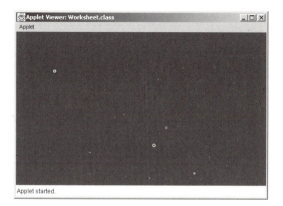

Bild 3.29:
Der Hintergrund
eines Slots

Das komplette Arbeitsblatt befindet sich in der Datei *Slot1.ws*.

3.2.6 Wichtige Eigenschaften von Grafiken

Anstatt den Hintergrund des Applets dunkelblau zu färben, können wir auch ein Rechteck mit dunkelblauer Farbe füllen. Dazu nutzen wir die Variable g des Typs `Graphics`, die uns im mittleren Textbereich eines Arbeitsblattes für ein AWT-Applet zur Verfügung steht.

☑ Legen Sie ein neues Arbeitsblatt für ein AWT-Applet an.

Einfache Figuren malen **61**

☑ Schreiben Sie eine Anweisung in den oberen Textbereich, sodass das Applet 500 Pixel breit und 300 Pixel hoch ist.

☑ Importieren Sie das Paket `java.awt`, damit die Klasse `Color` bekannt ist.

Die Klasse `Graphics` stellt uns drei wichtige Methoden zur Verfügung, mit denen wir die grafische Oberfläche des Slots vollenden.

Bild 3.30:
UML-Diagramm einer Grafik

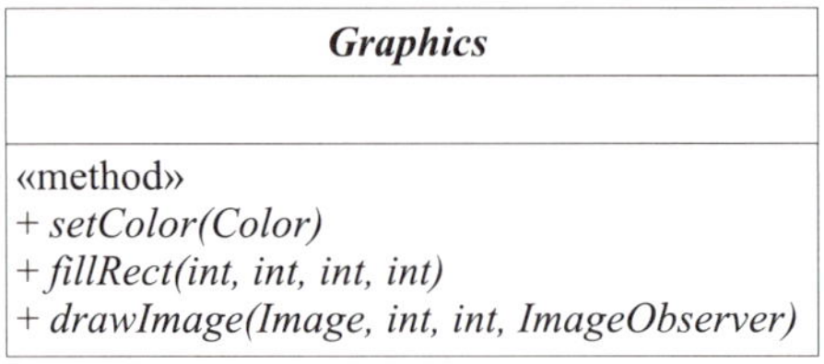

Graphics
«method»   + *setColor(Color)*   + *fillRect(int, int, int, int)*   + *drawImage(Image, int, int, ImageObserver)*

Tabelle 3.1:
Methoden einer Grafik

Methode	**Bedeutung**
`setColor`	die Malfarbe neu festlegen
`fillRect`	ein Rechteck mit der Malfarbe füllen
`drawImage`	ein Bild auf die Grafik malen

Zunächst schreiben wir die Anweisung

`g.setColor(new Color(0, 64, 128));`

in den mittleren Textbereich. Die Malfarbe für die Grafik ist nun dunkelblau.

Um ein gefülltes Rechteck auf eine Grafik zu malen, rufen wir die Methode `fillRect` auf. Sie erhält vier Ganzzahlen als Opfer, und zwar die x-Koordinate und die y-Koordinate der linken oberen Ecke, die Breite und die Höhe des Rechtecks. Fachlich werden die Opfer als Argumente bezeichnet, was wir in Zukunft machen.

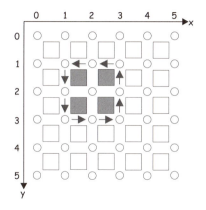

Bild 3.31:
Ein Rechteck
mit Farbe füllen

Um zum Beispiel das obige Rechteck mit Farbe zu füllen, müssten wir der Methode `fillRect` die Argumente 1 (x-Koordinate der linken oberen Ecke), 1 (y-Koordinate der linken oberen Ecke), 2 (Breite) und 2 (Höhe) übergeben.

Den dunkelblauen Hintergrund des Slots erhalten wir mit der Anweisung

```
g.fillRect(0, 0, 500, 300);
```

Das komplette Arbeitsblatt befindet sich in der Datei *Slot2.ws*.

3.3 Mit Bildern umgehen

Bei der grafischen Oberfläche unseres Slots fehlen jetzt nur noch die einzelnen Bilder.

3.3.1 Bilder laden und auseinanderschnippeln

Applets können Bilder in den Formaten GIF (Graphic Interchange Format), JPEG (Joint Photographic Experts Group) und PNG (Portable Network Graphics) laden.

Alle Bilder für die Slots liegen im Format GIF vor. Hierbei handelt es sich um ein Format, das nur für Bilder mit maximal 256 verschiedenen Farben geeignet ist. Diese Farben sind am Anfang der

Datei in Form einer Farbpalette gespeichert. Um Speicherplatz zu sparen, fassen wir Bilder mit ähnlichen Farbpaletten in einer Datei zusammen. Zum Beispiel besteht die Bildersammlung *Plate.gif* aus einzelnen Schildern für unterschiedliche Zwecke.

Bild 3.32:
Eine Bildersammlung mit Schildern

BALANCE:CREDIT:PAID:COINS:CHERRY MYSTERY SPECIAL JACKPOT CASHIER DEVIL MILLIONS

Für die grafische Oberfläche des Slots *Big Apple* benötigen wir die Schilder CHERRY und MYSTERY.

Bild 3.33:
CHERRY und MYSTERY

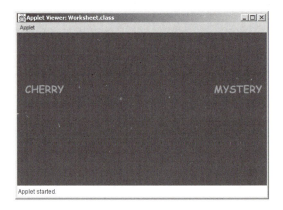

Zum Laden von Bildern und Ausschneiden von Bildteilen nutzen wir die Klasse `ImageLoader`, dessen Bauplan in Kapitel 5 besprochen wird.

Bild 3.34:
UML-Diagramm eines Bildladers

ImageLoader
«constructor» + ImageLoader(Applet) «method» + getImage(): Image + getImage(int, int, int, int): Image + loadImage(String)

Der Konstruktor benötigt ein Applet. Wenn wir uns in einem Arbeitsblatt für ein AWT-Applet befinden, übergeben wir `this` als Argument. Mit der Anweisung

```
ImageLoader loader = new ImageLoader(this);
```

erschaffen wir einen Bildlader mit dem Bezeichner `loader`.

Tabelle 3.2:
Methoden eines
Bildladers

Methode	Bedeutung
`getImage`	das komplette Bild oder einen rechteckigen Ausschnitt liefern
`loadImage`	Ein neues Bild laden

Die Methode `loadImage` verlangt als Argument ein Objekt des Typs `String`, wobei es sich um eine Zeichenkette handelt. Um eine Zeichenkette zu erschaffen, benötigen wir nicht unbedingt einen Konstruktor. Es genügt, einzelne Zeichen in zwei doppelte Hochkommas einzuschließen, zum Beispiel `"Plate.gif"`.

Bei der Angabe des Ortes der Datei mit dem Bild kommt es darauf an, wo die Klasse `ImageLoader` liegt. Weil das Bild *Plate.gif* und die Klasse *ImageLoader.class* im gleichen Ordner *C:\jdk1.3\jlauncher* liegen, reicht es aus, wenn wir nur den Dateinamen angeben.

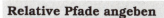

Relative Pfade angeben

Der Ort einer Datei wird oft in relativer Form angegeben. Mit zwei Punkten .. gelangen wir einen Ordner höher. Als Trennzeichen wird ein Slash / verlangt. Wenn *Plate.gif* zum Beispiel im Ordner *C:\jdk1.3* liegen würde, wäre `"../Plate.gif"` der richtige Ort. Bei *C:\jdk1.3\jlauncher\images* wäre `"images/Plate.gif"` richtig.

Die Anweisung

`loader.loadImage("Plate.gif");`

sorgt dafür, dass das Bild *Plate.gif* geladen wird.

Um die Schilder CHERRY und MYSTERY auszuschneiden, verwenden wir die Version der Methode `getImage` des Bildladers, die einen rechteckigen Bereich als Argument verlangt. Die Kennzahlen dieses Bereichs werden wie beim Füllen eines Rechtecks mit Farbe angegeben, also die x-Koordinate und die y-Koordinate der linken oberen Ecke, die Breite und die Höhe.

Mit der Anweisung

```
Image cherryPlate = loader.getImage(321, 0, 80, 22);
```

schneiden wir das Schild CHERRY mit der linken oberen Ecke beim Punkt (321, 0), einer Breite von 80 Pixel und einer Höhe von 22 Pixel aus.

Das Bild soll so positioniert werden, dass seine linke obere Ecke beim Punkt (16, 101) auf der Grafik liegt. Hierzu führen wir die Anweisung

```
g.drawImage(cherryPlate, 16, 101, this);
```

aus. Ein Applet ist auch ein `ImageObserver`, sodass wir `this` als Argument an der vierten Stelle in der Methode `drawImage` eintragen dürfen.

Dasselbe Verfahren wiederholen wir noch beim Schild `Mystery`.

```
Image mysteryPlate = loader.getImage(401, 0, 98, 22);
g.drawImage(mysteryPlate, 394, 101, this);
```

Das komplette Arbeitsblatt befindet sich in der Datei *Slot3.ws*.

3.3.2 Werte in Aufstellungen sammeln

Als Nächstes malen wir die verkleinerten Slotsymbole bei den Bonussystemen CHERRY und MYSTERY.

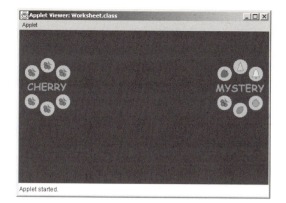

Bild 3.35:
Verkleinerte Symbole

Die zugehörigen Bilder liegen in der Datei *BigAppleBonus.gif* und haben jeweils eine Größe von 28 x 28 Pixeln.

Bild 3.36:
Die grauen und die erleuchteten Symbole

Um alle Symbole zur Verfügung zu haben, könnten wir 12 Variablen einführen. Java bietet uns jedoch die Möglichkeit, Aufstellungen zu verwenden, über die wir sehr gemütlich auf die einzelnen Bilder zugreifen können.

Eine Aufstellung von Schachfiguren lässt sich sehr einfach beschreiben, wenn wir die Plätze auf dem Schachbrett mit Indizes versehen. Zum Beispiel hat das Feld rechts oben mit dem schwarzen Turm den Index H8.

Bild 3.37:
Die Aufstellung der Schachfiguren zu Spielbeginn

Nun können wir die Züge in einem Spielverlauf leicht beschreiben, ohne das Spielbrett nach jedem Zug zu fotografieren.

In der achten Reihe des Schachbretts befinden sich 8 Figuren, die wir in einer separaten Aufstellung ablegen wollen. Für die Nummerierung der einzelnen Plätze stehen in Java nur Ziffern zur Verfügung. Die Indizes starten stets bei 0.

Bild 3.38:
Eine Reihe mit
Schachfiguren

Der Typ einer eindimensionalen Aufstellung setzt sich aus dem Typ der Werte auf den Plätzen und einem eckigen Klammerpaar zusammen. Beim Typ Schachfigur erhalten wir Schachfigur[] als Typ der Aufstellung.

Auf einen Wert in einer Aufstellung greifen wir über seinen Index zu. Zum Beispiel kennzeichnet Schachfigur[2] den schwarzen Läufer auf der linken Seite.

Nun zurück zu unserem Bonussystem. Beim Schild CHERRY benötigen wir 6 Kirschen, die bei den Punkten (12, 126), (43, 140), (74, 126), (74, 69), (43, 55) und (12, 69) platziert werden. Um auf die Koordinaten einfacher zugreifen zu können, lohnt es sich, zwei Aufstellungen zu erschaffen. Das geschieht wie bei der Einführung einer neuen Variablen:

```
int[] x = {12, 43, 74, 74, 43, 12};
int[] y = {126, 140, 126, 69, 55, 69};
```

Der Typ der Aufstellungen ist in beiden Fällen int[]. In den geschweiften Klammern führen wir die Koordinaten auf. Zum Beispiel liefert x[1] die Zahl 43.

3.3.3 Anweisungen mehrfach ausführen

Bevor wir die Kirschen auf die Grafik malen, legen wir alle Symbole von *BigAppleBonus.gif* in einer Aufstellung mit Bildern ab. Zuerst laden wir das Bild mit der Anweisung

```
loader.loadImage("BigAppleBonus.gif");
```

Leider ist es im Vergleich zu den Koordinaten nicht so einfach möglich, die Werte der einzelnen Bilder in geschweiften Klammern aufzuführen. Daher nutzen wir ein anderes Verfahren.

```
Image[] bonus = new Image[12];
```

Hier schreiben wir hinter dem Operator = das Schlüsselwort new und wiederholen den Typ der Aufstellung. In den eckigen Klammern geben wir an, wie viele Plätze zur Verfügung stehen sollen. In unserem Beispiel gibt es 12 verschiedene Bilder.

Mit den Anweisungen

```
bonus[0] = loader.getImage(0, 0, 28, 28);
bonus[1] = loader.getImage(28, 0, 28, 28);
bonus[2] = loader.getImage(56, 0, 28, 28);
bonus[3] = loader.getImage(84, 0, 28, 28);
bonus[4] = loader.getImage(112, 0, 28, 28);
...
```

legen wir ein Symbol nach dem anderen auf einen Platz der Aufstellung bonus.

Eigentlich sind die Anweisungen alle bis auf ein paar Zahlen identisch. Es wäre gut, wenn wir eine Möglichkeit hätten, die Anweisung

```
bonus[i] = loader.getImage(i * 28, 0, 28, 28);
```

mehrfach auszuführen, wobei die Variable i die Zahlen von 0 bis 11 annimmt. Die Operatoren +, -, *, und / kennzeichnen die Addition, Subtraktion, Multiplikation und Division von zwei Zahlen.

Eine mehrmalige Wiederholung ermöglicht eine for Anweisung.

```
for (int i = 0; i < 12; i++) {
  bonus[i] = loader.getImage(i * 28, 0, 28, 28);
}
```

In den runden Klammern hinter dem Schlüsselwort for stehen drei Angaben.

- ☑ Zuerst führen wir die Variable i ein, die bei 0 starten soll. Daher finden wir die Angabe int i = 0.

☑ Es folgt die Prüfbedingung i < 12. Sie sorgt dafür, dass die Ausführung der Anweisung in den geschweiften Klammern wiederholt wird, wenn der Wert der Variablen i immer noch kleiner als 12 ist. Übersteigt i die Zahl 11, ist die for Anweisung automatisch beendet.

☑ Um den Wert der Variablen i nach jedem Durchgang um 1 zu erhöhen, setzen wir den Operator ++ dahinter.

Nun haben Sie weitere Operatoren kennen gelernt. Zum Vergleichen von Zahlen gibt es die Operatoren <, <=, ==, >= und >. Um den Wert einer Variablen zu erhöhen oder zu erniedrigen, schreiben wir den Operator ++ oder -- direkt hinter die Variable.

Das Problem mit mehreren Gleichheitszeichen

Wenn Sie prüfen wollen, ob zwei Werte gleich sind, beachten Sie die Anzahl der Gleichheitszeichen. Bei = handelt es sich um den Zuweisungsoperator, der einer Variablen auf der linken Seite den Wert des Ausdrucks auf der rechten Seite zuweist. Für einen Test auf Gleichheit benötigen Sie hingegen den Vergleichsoperator ==.

Die for Anweisung hat die allgemeine Form

```
for (<Variableneinführung>; <Prüfbedingung>; <Update>) {
  <Anweisungen>
}
```

Der Ablauf in dieser Anweisung wird fachlich als Flusskontrolle bezeichnet. Zu ihrer Veranschaulichung zeichnen wir Flussdiagramme, die ebenfalls Bestandteil der UML sind. Die Flusskontrolle startet beim gefüllten Kreis ohne Umrandung und endet beim gefüllten Kreis mit Umrandung.

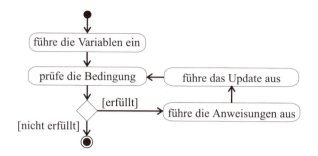

Bild 3.39: Flussdiagramm für die for Anweisung

Beim gedrehten Quadrat liegt eine Verzweigung. Wenn die Bedingung erfüllt ist, geht es nach rechts weiter. Ansonsten landen wir unten, wo die Flusskontrolle endet.

Zum Malen der Kirschen beim Schild CHERRY verwenden wir ebenfalls eine for Anweisung.

```
for (int i = 0; i < 6; i++) {
  g.drawImage(bonus[0], x[i], y[i], this);
}
```

Die Kirsche erhalten wir mit bonus[0]. Die einzelnen Koordinaten arbeiten wir mit x[i] und y[i] ab.

Um die Schilder beim Bonus MYSTERY anzuzeigen, benötigen wir andere Koordinaten. Es ist verboten, der Variablen x mit der Anweisung

```
x = {398, 429, 460, 460, 429, 398};
```

neue Koordinaten zuzuweisen. Es könnte passieren, dass die Anzahl der Plätze falsch ist. Um diese Anzahl neu zu berechnen, schreiben wir das Schlüsselwort new vor die geschweiften Klammern und wiederholen den Typ.

```
x = new int[] {398, 429, 460, 460, 429, 398};
y = new int[] {126, 140, 126, 69, 55, 69};
```

Mit einer weiteren for Anweisung ist nun alles erledigt.

Mit Bildern umgehen

```
for (int i = 0; i < 6; i++) {
  g.drawImage(bonus[i], x[i], y[i], this);
}
```

Das komplette Arbeitsblatt befindet sich in der Datei *Slot4.ws*.

3.3.4 Mehrere Dimensionen bei Aufstellungen

Um zu einem zweidimensionalen Schachbrett zu gelangen, stellen wir die Figuren zunächst reihenweise auf die Plätze von acht Aufstellungen. Diese Reihen legen wir dann auf die Plätze einer weiteren Aufstellung.

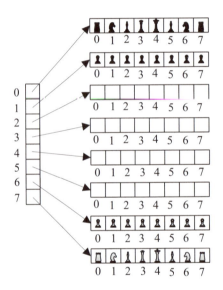

Bild 3.40:
Die zweidimensionale Aufstellung mit den Schachfiguren

Der Typ einer zweidimensionalen Aufstellung setzt sich aus dem Typ der Werte auf den Plätzen und einer gewissen Anzahl eckiger Klammerpaare zusammen, die sich aus der Anzahl der Dimensionen ergibt. Das Schachbrett hat somit den Typ `Schachfigur[][]`.

Wichtig ist die Vorstellung, dass es sich bei einer mehrdimensionalen Aufstellung um eine „Aufstellung von Aufstellungen" handelt. Wenn das Schachbrett den Bezeichner `brett` hätte, würden Sie mit `brett[1]` die Aufstellung mit den schwarzen Bauern erhalten. Mit `brett[7][0]` kämen Sie an den weißen Turm auf der linken Seite heran.

In der Datei *BigAppleBigSymbol.gif* liegen die Slotsymbole.

Bild 3.41:
Die Symbole
für die Walzen

Das Bild laden wir mit der Anweisung

```
loader.loadImage("BigAppleBigSymbol.gif");
```

Auf dem oberen und unteren Teil einer Walze befinden sich halbe Symbole. Insgesamt müssen wir daher 21 Schneideprozesse durchführen, um alle 3 Teile für die 7 Symbole zu erhalten. Es lohnt sich, mit einer zweidimensionalen Aufstellung zu arbeiten.

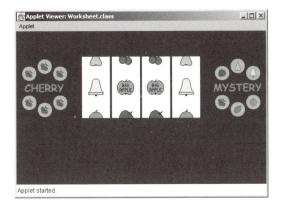

Bild 3.42:
Die Walzen des Slots

Mit der Anweisung

```
Image[][] bigSymbol = new Image[7][3];
```

führen wir die Aufstellung `bigSymbol` ein. Bei genauerer Betrachtung handelt es sich um eine Aufstellung mit 7 Plätzen für die einzelnen Symbole. Auf jedem Platz liegt eine weitere Aufstellung mit drei Plätzen für das untere, ganze und obere Symbolteil.

Bild 3.43:
Die Indizes bei
den Symbolen

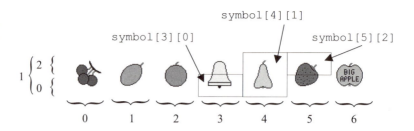

Ein Symbol hat eine Größe von 56 x 60 Pixel, so dass wir die Einzelteile bequem mit drei `for` Anweisungen ausschneiden.

```
for (int i = 0; i < 7; i++) {
  bigSymbol[i][0] = loader.getImage(i * 56, 30, 56, 30);
}
for (int i = 0; i < 7; i++) {
  bigSymbol[i][1] = loader.getImage(i * 56, 0, 56, 60);
}
for (int i = 0; i < 7; i++) {
  bigSymbol[i][2] = loader.getImage(i * 56, 0, 56, 30);
}
```

Die Symbole auf den Walzen legen wir in einer Aufstellung des Typs `int[][]` ab.

```
int[][] symbol = {{4, 3, 2}, {0, 6, 5}, {0, 6, 5},
    {4, 3, 2}};
```

Die Aufstellung {4, 3, 2} entspricht einer Birne, einer Glocke und einer Orange, die auf der ersten und vierten Walze von oben nach unten angeordnet sind.

Bild 3.44:
Indizes bei den
Symbolen auf
den Walzen

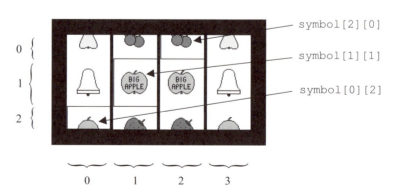

Die Anweisungen

```
for (int i = 0; i < 4; i++) {
  g.drawImage(bigSymbol[symbol[i][0]][0], 132 + i * 60, 50,
      this);
  g.drawImage(bigSymbol[symbol[i][1]][1], 132 + i * 60, 80,
      this);
  g.drawImage(bigSymbol[symbol[i][2]][2], 132 + i * 60, 140,
      this);
}
```

sorgen für die Ausgabe der Walzen.

Das komplette Arbeitsblatt befindet sich in der Datei *Slot5.ws*.

Jetzt fehlen nur noch die Plaketten mit den Zahlen von 1 bis 5 über den Walzen und die Schaltflächen zur Bedienung des Slots. Alles befindet sich in den Dateien *GrayRedAction.gif*, *QuadraticButton.gif* und *GrayRedArrow.gif*.

Im Arbeitsblatt *Slot6.ws* ist die Oberfläche des Slots *Big Apple* vollständig. Werfen Sie einen kurzen Blick über den Quellcode. Neue Erkenntnisse gibt es nicht.

3.4 Übungsaufgabe

Gestalten Sie die grafische Oberfläche des Slots *Hammer*.

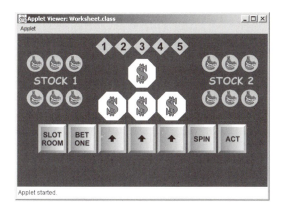

Bild 3.45:
Die grafische Oberfläche von *Hammer*

Die Teufelsmünzen sind in der Datei *DevilCoin.gif*, die Schilder STOCK 1 und STOCK 2 in der Datei *Stock.gif* und die Symbole in der Datei *HammerBigSymbol.gif*.

Die Schaltfläche SLOT ROOM liegt beim Punkt (42, 178). Die anderen Schaltflächen jeweils 60 Pixel in x-Richtung weiter. Die Orte der Symbole sind: (162, 114) für die linke untere Walze, (222, 114) für die mittlere untere Walze, (282, 114) für die rechte untere Walze und (222, 50) für die obere Walze. Die Plaketten mit den Zahlen von 1 bis 5 liegen an der gleichen Stelle wie bei *Big Apple*. Ein wenig Copy und Paste genügt hier also. Die Schilder STOCK 1 und STOCK 2 liegen bei (32, 83) und (383, 83). Die x-Koordinaten für die linken Teufelsmünzen sind 18, 57 und 96. Die beiden Reihen haben 41 und 109 als y-Koordinaten. Die rechten Teufelsmünzen liegen 351 Pixel in x-Richtung weiter.

Kennzahlen für die rechteckigen Bereiche, die zum Ausschneiden von Bildteilen nötig sind, erhalten Sie leicht mit dem *JLauncher*.

☑ Rufen Sie das Menü EXTRAS auf und aktivieren Sie das Kontrollkästchen NAVIGATOR. Auf der linken Seite erscheint ein Baum mit Ordnern, in dem Sie sich zu den Bildern bewegen. Jedes ausgewählte Bild erscheint automatisch auf dem Desktop.

Bild 3.46:
Bilddateien im Ordnerbaum anklicken

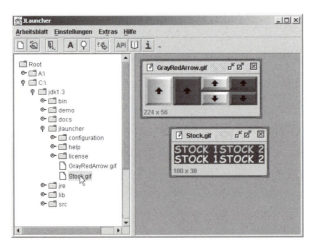

Links unten in den inneren Fenstern steht die Größe des Bildes. Zum Beispiel hat das Bild *GrayRedArrow.gif* eine Größe von 224 x 56 Pixel.

☑ Mit der Maus können Sie einen rechteckigen Bereich markieren. Dazu drücken Sie die linke Maustaste an der Stelle, wo die linke obere Ecke des Rechtecks liegen soll, und bewegen die Maus bei gedrückter Taste zur rechten unteren Ecke. Dann lassen Sie die Taste wieder los.

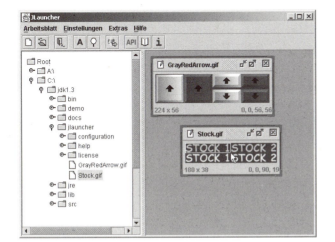

Bild 3.47:
Kennzahlen von rechteckigen Bereichen ermitteln

Die Kennzahlen der rechteckigen Markierung stehen rechts unten in den inneren Fenstern. Zum Beispiel wird das graue Schild STOCK 1 durch die Kennzahlen 0, 0, 90, 19 beschrieben. Diese Zahlen benötigt die Methode `getImage` eines `ImageLoader`, um einen Bildausschnitt zu liefern.

Die Lösung dieser Aufgabe befindet sich in der Datei *Slot7.ws*.

4 Bilder animieren und Sound abspielen

Animationen und Sound sind bei Spielen der Schlüssel zum Erfolg. In Kapitel 3 haben Sie erfahren, wie einzelne Bilder auf einer Grafik platziert werden. Durch ein Update der Grafik in regelmäßigen Zeitabständen entsteht ein Film. Ein paar Töne können die Animation untermalen.

4.1 Das Schloss mit dem Spielcasino

Bevor ein Spieler zu den Slots gehen kann, muss er zunächst das Casino betreten. Im Arbeitsblatt *Castle1.ws* für ein AWT-Applet gestalten wir das Schloss und seine Umgebung.

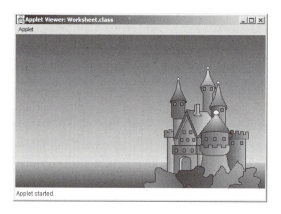

Bild 4.1: Das Spielschloss mit seiner Umgebung

Die Anweisung

```
setSize(500, 300);
```

im oberen Textbereich des Arbeitsblattes sorgt für die Einstellung der Größe des Applets.

Im mittleren Textbereich stehen die Anweisungen

```
ImageLoader loader = new ImageLoader(this);
```

```
loader.loadImage("Background.gif");
for (int i = 0; i < 25; i++) {
  g.drawImage(loader.getImage(), i * 20, 0, this);
}
loader.loadImage("Castle.gif");
g.drawImage(loader.getImage(), 299, 61, this);
loader.loadImage("Cliff.gif");
g.drawImage(loader.getImage(), 259, 246, this);
```

Der Farbverlauf *Background.gif* wird in Form von 25 vertikalen Streifen auf den Hintergrund tapeziert.

4.2 Klänge laden und abspielen

Während der Spieler noch überlegt, ob er das Casino besuchen soll, hört er den Wind sausen und in der Ferne ein paar unregelmäßige Donnerschläge.

4.2.1 Den Wind pfeifen lassen

Zum Laden und Abspielen von Klängen verwenden wir die Klasse SoundLoader, die in Kapitel 5 besprochen wird.

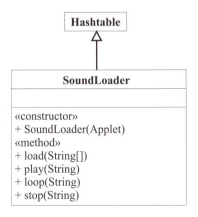

Bild 4.2:
UML-Diagramm eines Klangladers

Ein Klanglader ist eine Hashtable, die eine Tabelle mit zwei Spalten darstellt. In der ersten Spalte befinden sich Dateinamen und in der zweiten Spalte die zugehörigen Audioclips, die wir bequem über ihre Namen abspielen können.

Der Konstruktor benötigt wie beim `ImageLoader` ein Applet. Unser Klanglader erhält den Bezeichner `sound` und nicht `loader`, um mit dem Bildlader nicht in Konflikt zu geraten.

```
SoundLoader sound = new SoundLoader(this);
```

Tabelle 4.1: Methoden eines Klangladers

Methode	Bedeutung
load	alle Sounds mit den Dateinamen in der Aufstellung laden
play	einen Sound einmal abspielen
loop	einen Sound ständig abspielen
stop	das Abspielen eines Sounds stoppen

Um die Lockrufe des Spielteufels, das Donnergrollen und den Wind zu laden, geben wir die Dateinamen *Devil.au*, *Thunder.au* und *Wind.au* in einer Aufstellung mit Zeichenketten an. Anstatt eine Variable `list` durch

```
String[] list = {"Devil.au", "Thunder.au", "Wind.au"};
sound.load(list);
```

einzuführen, übergeben wir die Aufstellung der Methode `load` direkt.

```
sound.load(new String[] {"Devil.au", "Thunder.au",
    "Wind.au"});
```

Hierbei müssen wir an das Schlüsselwort `new` und den Typ der Aufstellung denken.

Mit der Methode `loop` lassen wir den Wind ständig pfeifen.

```
sound.loop("Wind.au");
```

Das komplette Arbeitsblatt befindet sich in der Datei *Castle2.ws*. Vergessen Sie nicht, die Stärke Ihrer Lautsprecher etwas anzupassen, um den Wind zu hören.

4.2.2 Eine Zufallszahl ermitteln

Ab und zu soll ein Donner in der Ferne grollen. Wir werfen 1 weiße und 19 schwarze Kugeln, also insgesamt 20 Kugeln, in einen Karton. Wir ziehen nun mit geschlossenen Augen eine Kugel, sehen uns die Farbe an und legen die Kugel anschließend in den Karton zurück. Wenn wir eine weiße Kugel erwischen, lassen wir den Donner grollen. Das müsste zum Beispiel bei 2000 Ziehungen zirka 100 mal passieren.

Leider kann der Computer dieses Kugelexperiment nicht selbst durchführen. Er ist aber in der Lage, eine zufällige Zahl zwischen 0.0 und 1.0 auszuspielen. Das geschieht mit der Methode `random` aus der Klasse `Math`, die wir im Paket `java.lang` finden.

> **Überflüssiges Importieren vermeiden**
>
> Vielleicht haben Sie sich schon gewundert, warum wir die Klasse `String` im Arbeitsblatt *Castle2.ws* nicht importieren mussten. Es ist so, dass alle Klassen im Paket `java.lang` automatisch importiert werden. Daher gibt es kein Kontrollkästchen für `java.lang.*` im Menü IMPORTIEREN beim *JLauncher*.

Die Methode `random` im UML-Diagramm von `Math` ist unterstrichen. Unterstrichene Felder und Methoden bezeichnen wir fachlich als statisch.

Bild 4.3:
UML-Diagramm
von `Math`

Math
«method» + <u>random()</u>: double

4.2.3 Statische Eigenschaften verstehen

Um die Bedeutung statischer Eigenschaften zu verstehen, werfen wir einen Blick auf ein leicht verändertes UML-Diagramm des Hundes.

Bild 4.4:
UML-Diagramm
eines Hundes

Hund
+ zähne: int + krallen: int + pfoten: int - <u>alter</u>: int + länge: double
«constructor» + Hund(int, int, int, int, double) «method» + bellen() + beißen(Katze): Katze + überspringen(Hindernis) + <u>trinken(Wasser)</u>

Die Klasse `Hund` hat nun zwei statische Eigenschaften. Das Feld `alter` und die Methode `trinken` sind unterstrichen. Mit den Anweisungen

```
Hund doggy1 = new Hund(24, 5, 4, 6, 62.7);
Hund doggy2 = new Hund(18, 5, 4, 2, 41.6);
```

erschaffen wir zwei Hunde. Die Konstruktoren reichen die übergebenen Argumente an die Felder weiter. Das Feld `alter` des Hundes `doggy1` erhält also nach der ersten Anweisung den Wert 6 und das Feld `alter` des Hundes `doggy2` nach der zweiten Anweisung den Wert 2. Doch was ist mit dem Feld `alter` des Hundes `doggy1` nach der zweiten Anweisung passiert?

Statische Eigenschaften sind für alle Objekte einer Klasse gleich. Das bedeutet, dass das Feld `alter` nur einen einzigen Wert annehmen kann, auch wenn mehrere Hunde herumlaufen. Daher wird der Hund `doggy1` um 4 Jahre jünger, wenn wir dem Hund `doggy2` ein Alter von 2 Jahren verpassen. Wenn wir Hunde erschaffen wollen, die ein unterschiedliches Alter haben, darf das Feld `alter` nicht statisch sein. Das Feld `pfoten` könnten wir hingegen statisch machen, wenn die Hunde nicht dusselig über die Straße laufen. Weil einem Hund auch Krallen im Kampf verloren gehen können, handelt es sich beim Feld `krallen` ebenfalls um eine nicht statische Eigenschaft.

Was für statische Felder gilt, überträgt sich entsprechend auf Methoden. Wenn ein Hund mit der statischen Methode `trinken` Wasser in seinen Bauch befördert, ist der Durst aller anderen Hunde automatisch gelöscht worden. Weil jeder Hund für seine Nahrungsaufnahme selbst verantwortlich ist, darf die Methode `trinken` nicht statisch sein. Alle Methoden, die keinen Einfluss auf den individuellen Zustand eines Hundes haben, dürfen statisch sein. Wenn alle Hunde identisch bellen würden und sich das beim Blutdruck nicht bemerkbar machen würde, könnten wir die Methode `bellen` statisch machen.

Der Wert auf einem statischen Feld ist für alle Objekte eines Typs gleich. Änderungen bei einem solchen Feld wirken sich auf alle Objekte desselben Typs aus. Mit statischen Methoden können wir die individuellen Eigenschaften von Objekten eines Typs nicht ändern. Weil der Bezeichner eines speziellen Hundes beim Arbeiten mit statischen Eigenschaften offensichtlich keine Rolle mehr spielt, nehmen wir als Täter den Bezeichner der Klasse.

Wenn das Feld `alter` statisch ist, sorgt die Anweisung

```
Hund.alter = 3;
```

dafür, dass alle Hunde 3 Jahre alt sind.

Mit der Anweisung

```
Hund.trinken(wasser);
```

trinken alle Hunde die gleiche Portion Wasser, die durch die Variable `wasser` dargestellt wird.

4.2.4 Werte ausgeben

Nun zurück zur Methode `random` in der Klasse `Math`. Weil sie statisch ist, liefert uns der Ausdruck `Math.random()` eine zufällig ausgewählte Fließkommazahl zwischen 0.0 und 1.0. Als Täter haben wir den Klassennamen gewählt.

☑ Rufen Sie im *JLauncher* das Menü ARBEITSBLATT • NEU auf. Es erscheint ein Dialog, in dem Sie die Option APPLIKATION auswählen.

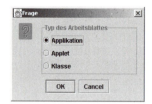

Bild 4.5:
Den Typ des Arbeitsblattes festlegen

☑ Nach einem Klick auf OK sehen Sie ein Arbeitsblatt für eine Applikation auf dem Desktop des *JLauncher*.

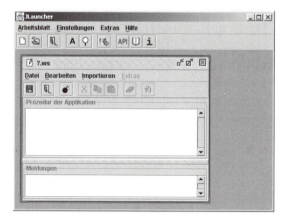

Bild 4.6:
Ein Arbeitsblatt für eine Applikation

In der Klasse `System` im Paket `java.lang` gibt es das statische Feld `out` des Typs `PrintStream`. Es kennzeichnet eine Standardausgabe, auf der wir Werte ausdrucken können. Im *JLauncher* ist diese Ausgabe mit dem Textbereich MELDUNGEN verknüpft.

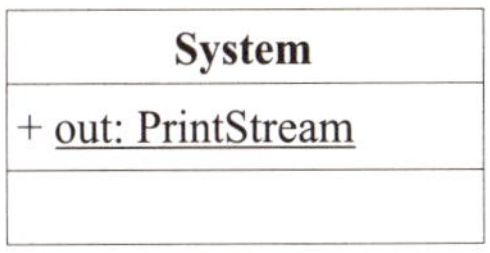

System
+ <u>out</u>: PrintStream

Bild 4.7:
UML-Diagramm
von `System`

Die Klasse `PrintStream` stellt eine Vielzahl von Methoden zur Verfügung, um verschiedene Werte auszudrucken. Wir sehen uns nur eine kleine Auswahl an.

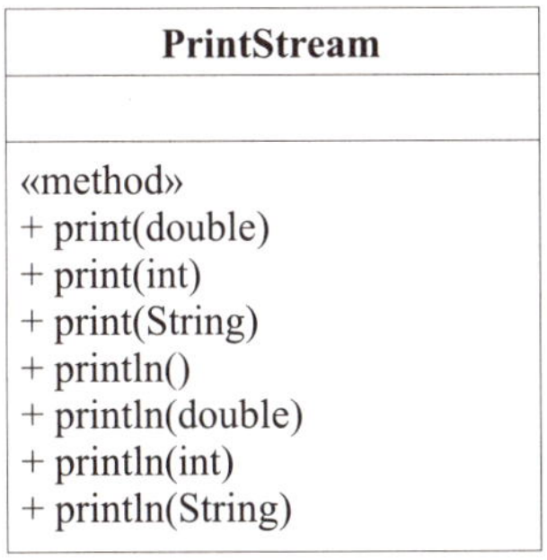

PrintStream
«method» + print(double) + print(int) + print(String) + println() + println(double) + println(int) + println(String)

Bild 4.8:
UML-Diagramm
von `PrintStream`

Die Typen `double`, `int` und `String` haben wir bereits kennen gelernt.

Methode	Bedeutung
`print`	einen Wert ausdrucken
`println`	einen Wert ausdrucken und anschließend einen Sprung in eine neue Zeile durchführen

Tabelle 4.2:
Methoden eines
`PrintStream`

Die Methode `println` ohne Argument sorgt nur für einen Sprung in eine neue Zeile.

Um zu sehen, welche Werte bei der Methode `random` entstehen, benötigen wir kein Applet mit einer grafischen Ausgabe. Eine Applikation ist zur Ausgabe von Werten ideal geeignet. In den Textbereich PROZEDUR DER APPLIKATION schreiben wir ein paar Anweisungen hinein, die hintereinander ausgeführt werden sollen.

`System.out` kennzeichnet die Standardausgabe, sodass ein Wert der Methode `random` mit der Anweisung

```
System.out.print(Math.random());
```

ausgedruckt wird.

☑ Tippen Sie die letzte Anweisung in den Textbereich PROZEDUR DER APPLIKATION hinein.

☑ Führen Sie das Arbeitsblatt aus.

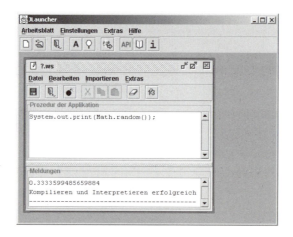

Bild 4.9: Das ausgeführte Arbeitsblatt für eine Applikation

In unserem Beispiel ist die Fließkommazahl `0.3333599485659884` entstanden. Um weitere zufällige Fließkommazahlen zwischen `0.0` und `1.0` zu erhalten, führen Sie das Arbeitsblatt mehrfach aus.

4.2.5 Eine Bedingung formulieren

Bei unserem Kugelexperiment soll ein Donner ertönen, wenn eine weiße Kugel gezogen wurde. Dieses Experiment wird exakt durch den Ausdruck

```
Math.random() < 0.05
```

beschrieben. Auf die Zahl `0.05` kommen wir, indem wir die Anzahl der weißen Kugeln (1) durch die Gesamtanzahl der Kugeln (20) teilen (1.0 / 20.0 ergibt 0.05). Probeweise können Sie mal die Anweisung

```
System.out.print(1.0 / 20.0);
```

in einem Arbeitsblatt für eine Applikation ausführen.

In Java gibt es die Vergleichsoperatoren < (kleiner), <= (kleiner oder gleich), >= (größer oder gleich), > (größer), == (gleich) und != (ungleich). Ein Ausdruck, in dem wir zwei Werte miteinander vergleichen, liefert entweder den Wert false oder true. Diese beiden Werte haben den Typ boolean und drücken aus, ob etwas falsch oder wahr ist. Zum Beispiel ergibt 2 != 2 den Wert false, was Sie nachvollziehen können, wenn Sie die Anweisung

```
System.out.print(2 != 2);
```

in einem Arbeitsblatt für eine Applikation ausführen.

Der Ausdruck

```
Math.random() < 0.05
```

liefert den Wert true, wenn die ausgespielte Zahl kleiner als 0.05 ist, und den Wert false, wenn die ausgespielte Zahl größer oder gleich 0.05 ist.

Jetzt haben wir eine Bedingung für das Abspielen des Donnergrollens formuliert. Wenn der obige Ausdruck den Wert false ergibt, passiert nichts. Beim Wert true spielen wir den Donner ab.

4.2.6 Eine Bedingung überprüfen

Zum Überprüfen von Bedingungen dienen if Anweisungen mit der allgemeinen Form

```
if (<Ausdruck des Typs boolean>) {
  <Anweisungen>
}
```

Wenn die Bedingung in den runden Klammern hinter dem Schlüsselwort if den Wert true ergibt, werden die Anweisungen in den geschweiften Klammern ausgeführt. Beim Wert `false` werden die Anweisungen übersprungen und das Programm fortgesetzt. Fachlich bezeichnen wir den Teil in den geschweiften Klammern als Körper der `if` Anweisung.

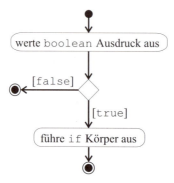

Bild 4.10: Flussdiagramm für die `if` Anweisung

Mit der Anweisung

```
if (Math.random() < 0.05) {
  sound.play("Thunder.au");
}
```

lassen wir den Donner zufällig grollen.

4.2.7 Anweisungen beliebig oft ausführen

Um den Donner öfters abzuspielen, nutzen wir eine `while` Anweisung mit der allgemeinen Form

```
while (<Ausdruck des Typs boolean>) {
  <Anweisungen>
}
```

Solange die Bedingung in den runden Klammern den Wert `true` ergibt, werden die Anweisungen in den geschweiften Klammern ausgeführt.

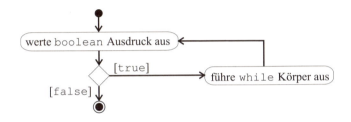

Bild 4.11:
Flussdiagramm für
die while Anweisung

Wenn wir den Wert true in den runden Klammern eintragen, erhalten wir eine unendliche Schleife. Weil die Auswertung der Bedingung immer true liefert, werden die Anweisungen im while Körper ständig ausgeführt.

Die Anweisung

```
while (true) {
  if (Math.random() < 0.05) {
    sound.play("Thunder.au");
  }
}
```

sorgt also dafür, dass beliebig oft eine Zufallszahl ausgespielt wird und abhängig vom Ergebnis der Donner grollt. Allerdings kann das Programm die unendliche Schleife solange nicht mehr verlassen, bis es vom Benutzer beendet wird.

Wegen der hohen Prozessorgeschwindigkeit ist ein Rechner in der Lage, tausende von Ziehversuchen in der Sekunde durchzuführen. Daher donnert es ständig, sodass wir eine kleine Bremse einführen müssen.

In der Klasse Thread im Paket java.lang gibt es die statische Methode sleep. Mit ihr kann ein Programm ein kleines Nickerchen einlegen.

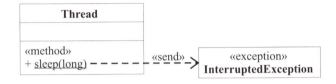

Bild 4.12:
UML-Diagramm
von Thread

Als Argument verlangt sie eine Ganzzahl des Typs long. Der Unterschied zum Typ int liegt im Wertebereich.

Klänge laden und abspielen **89**

Tabelle 4.3:
Wertebereiche
für Ganzzahlen

Typ	Wertebereich
byte	-128 bis 127
short	-32.768 bis 32.767
int	-2.147.483.648 bis 2.147.483.647
long	-9.223.372.036.854.775.808 bis 9.223.372.036.854.775.807

Üblicherweise wird nur mit dem Typ `int` gerechnet. Manchmal kann es jedoch passieren, dass der Wertebereich nicht groß genug ist, so dass der Typ `long` herangezogen werden muss. Der Typ `byte` ist für die Analyse von Bitmustern von binären Dateien sinnvoll, was für unser Spielcasino aber nicht wichtig ist.

Mit der Anweisung

```
Thread.sleep(200);
```

unterbrechen wir die Ausführung der Anweisungen für 200 Millisekunden. Weil eine Sekunde aus 1000 Millisekunden besteht, dauert das Nickerchen 0.2 Sekunden. Das ist eine willkommene Pause zwischen den Ziehungen.

In einem Programm können parallel mehrere Anweisungsketten ablaufen. Es ist es möglich, dass eine Kette ein Nickerchen macht und eine andere Kette den Wecker schellen lässt. In diesem Fall würde sich die schlafende Kette beschweren und eine `InterruptedException` abschicken. Hierdurch werden andere Teile des Programms automatisch auf die Beschwerde aufmerksam und können beruhigende Worte sprechen.

Java verlangt, dass Methoden, die Ausnahmen aussenden können, in eine `try-catch` Anweisung einzuschließen sind. In den `try` Körper kommt die Methode, bei der eine Ausnahme entstehen kann. Im `catch` Kopf steht der Typ der Ausnahme und ein Bezeichner.

```
try {
  Thread.sleep(200);
} catch (InterruptedException e) {
}
```

Wenn das Nickerchen unterbrochen wird, entsteht eine `Interruptedexception`, die im `catch` Körper den Bezeichner `e` hat. Wir könnten nun Methoden von `e` aufrufen und auf dieses Ereignis reagieren.

In unserem Fall gibt es niemanden, der einen Wecker schellen lässt, so dass keine Ausnahme entsteht. Daher lassen wir den `catch` Körper leer.

Zusammengefasst sind die Anweisungen

```
while (true) {
  if (Math.random() < 0.05) {
    sound.play("Thunder.au");
  }
  try {
    Thread.sleep(200);
  } catch (InterruptedException e) {
  }
}
```

für das Donnergrollen verantwortlich.

Weil es sich um eine unendliche Schleife handelt, dürfen wir nicht vergessen, die Methode `repaint` vorher aufzurufen. Sie steht in der Klasse `Component` und wird an alle Applets vererbt.

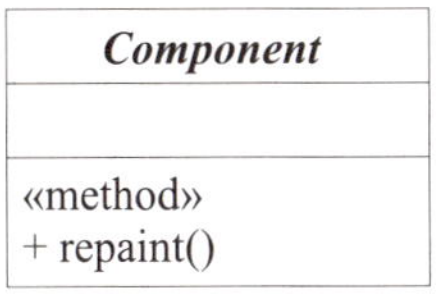

Component
«method»   + repaint()

Bild 4.13: UML-Diagramm von `Component`

Die Anweisung, die grafische Oberfläche aufzufrischen, damit das Spielschloss erscheint, schreiben wir direkt hinter die letzte Malanweisung.

```
g.drawImage(loader.getImage(), 259, 246, this);
repaint();
```

Die Methode `repaint` ist schon ein wichtiger Hinweis darauf, wie wir Bilder bewegen können.

Das komplette Arbeitsblatt befindet sich in der Datei *Castle3.ws*.

4.3 Bilder in Bewegung bringen

Ein Vogel soll über das Applet fliegen. Die einzelnen Flugszenen liegen in der Datei *Bird.gif*.

Bild 4.14: Szenen des fliegenden Vogels

Mit den Anweisungen

```
loader.loadImage("Bird.gif");
Image[] bird = new Image[7];
for (int i = 0; i < 5; i++) {
   bird[i] = loader.getImage(0 + i * 51, 0, 51, 22);
}
bird[5] = bird[3];
bird[6] = bird[2];
```

laden wir die Bildersammlung und erschaffen eine Aufstellung mit den einzelnen Szenen. Das Bild `bird[0]` hat die Farbe des Hintergrundes und dient zur Übermalung der letzten Vogelposition. Es folgen das zweite, dritte, vierte und fünfte Bild, in denen der Vogel die Flügel nach oben bewegt, und das vierte und dritte Bild, in denen der Vogel die Flügel wieder nach unten bewegt. Die Bilder `bird[1]` bis `bird[6]` ergeben somit einen Film.

Bild 4.15: Der Film vom fliegenden Vogel

Anschließend benötigen wir die Variablen `location` und `index` mit der x-Koordinate des Ortes und der Bildnummer.

```
int location = -51;
int index = 1;
```

Die anfängliche x-Koordinate liegt außerhalb des Applets, damit der Vogel von links hereinfliegt.

In einer unendlichen Schleife fliegt der Vogel über den Bildschirm.

```
while (true) {
  g.drawImage(bird[0], location, 12, this);
  location += 6;
  g.drawImage(bird[index], location, 12, this);
  repaint();
  if (location >= 600) {
    location = -51;
  }
  if (index == 6) {
    index = 1;
  } else {
    index++;
  }
  try {
    Thread.sleep(200);
  } catch (InterruptedException e) {
  }
}
```

Zuerst übermalen wir die letzte Position des Vogels mit dem Bild bird[0]. Anschließend verschieben wir die Position um 6 Pixel nach rechts, malen die neue Flugszene und frischen die grafische Ausgabe des Applets auf.

Bild 4.16:
Der Vogel fliegt los

Eine if Anweisung sorgt dafür, dass die Position des Vogels auf die anfängliche Position zurückgesetzt wird, wenn er das Applet um 100 Pixel nach rechts verlassen hat.

In der darauf folgenden if-else Anweisung prüfen wir, ob die Bildnummer gleich 6 ist. Sind wir bei 6 angekommen, starten wir im if Körper wieder beim Index 1. Ansonsten erhöhen wir den Index um 1 im else Körper.

Bei einer if-else Anweisung werden also abhängig von der Prüfbedingung verschiedene Anweisungen ausgeführt.

Bild 4.17:
Flussdiagramm für die if-else Anweisung

Das komplette Arbeitsblatt befindet sich in der Datei *Castle4.ws*.

Im Vergleich zum Arbeitsblatt *Castle3.ws* wurden die Anweisungen zum Abspielen von Klängen gelöscht. In der abschließenden Übungsaufgabe sollen Sie noch die Fenster des Schlosses zum Blinken bringen und einen Spielteufel erscheinen lassen, der ein Lied auf seiner Flöte spielt, um Spieler anzulocken.

4.4 Übungsaufgabe

In der Datei *Devil.gif* finden Sie einen Spielteufel, der von links unten auftauchen soll. Der Hintergrund des Teufels ist transparent. Mit *DevilBackground.gif* löschen Sie die ursprüngliche Position. Kurz bevor er abtaucht, ertönt ein Lied. Hierzu spielen Sie die Datei *Devil.au* für eine kurze Zeit mit der Methode loop ab.

Bild 4.18:
Der Spielteufel

In der Bildersammlung *Portal.gif* befinden sich die Tür und die Fenster des Spielschlosses in dunkler und erleuchteter Form.

Bild 4.19:
Die Tür und die Fenster

Im Schloss sollen in unregelmäßigen Zeitabständen einige Lampen an- und ausgehen.

Ihre Aufgabe besteht darin, die Animationen für den Vogel, den Teufel und die flackernden Lampen inklusive Vertonung in einer einzigen `while` Anweisung unterzubringen.

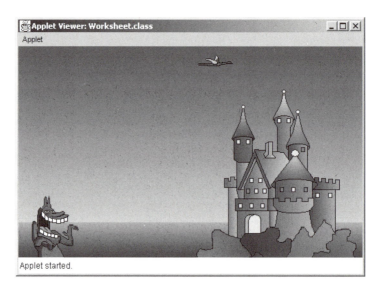

Bild 4.20:
Das animierte und vertonte Spielschloss

Das Portal liegt bei (334, 238). Für die Positionen der Fenster erschaffen Sie die Aufstellungen

```
int[] x = {317, 331, 376, 390, 411, 336, 349, 331, 343, 355,
    380, 397, 415, 432, 450, 320, 336, 352};
int[] y = {132, 132, 102, 102, 143, 187, 187, 202, 202, 202,
    200, 200, 200, 208, 208, 223, 223, 223};
```

Das Bild zum Löschen des Teufels kommt an die Position (20, 213). Die x-Koordinate des Teufels ist 20. Seine y-Koordinate schwankt zwischen 213 (höchste Position) und 463 (niedrigste Position). Er soll um jeweils 5 Pixel angehoben und gesenkt werden.

Für die Animation des Teufels lohnt es sich, die Variablen `down` und `stop` des Typs `boolean`, sowie `wait` des Typs `int` einzurichten. Mit `down` wird kontrolliert, ob er sich runter oder rauf bewegt, und mit `stop`, ob er gerade in der obersten Position verharrt. Ist er oben, erhöhen wir die Variable `wait` schrittweise von 0 bis 4 und spielen währenddessen auf der Flöte.

Die Lösung dieser Aufgabe befindet sich in der Datei *Castle5.ws*.

5 Objektorientiert programmieren

In Kapitel 3 und 4 haben Sie erfahren, wie Bilder mit einem ImageLoader geladen und Klänge mit einem SoundLoader abgespielt werden. Nun wollen wir einen Blick in den Quellcode dieser Klassen werfen. Für das Casino benötigen wir aber noch einiges mehr, zum Beispiel einen Zähler für den aktuellen Kreditstand und ein Alphabet für Nachrichten.

5.1 Die Dokumentation entpacken

In Kapitel 2 haben Sie sich die Datei *j2sdk1_3_0-doc.zip* aus dem Internet heruntergeladen. Sie enthält die Dokumentation zum SDK und soll nun entpackt werden.

☑ Verschieben Sie die Datei *j2sdk1_3_0-doc.zip* auf die Partition *C:*, wo sich der Ordner *jdk1.3* mit dem SDK befindet.

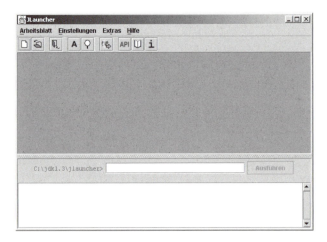

Bild 5.1:
Die Konsole
im *JLauncher*

☑ Starten Sie den *JLauncher*, rufen Sie das Menü Extras auf und aktivieren Sie das Kontrollkästchen Konsole. Im unteren Bereich des *JLauncher* erscheint jetzt eine Konsole zur Ausführung von fremden Prozessen.

Das Etikett zeigt den gegenwärtigen Arbeitsordner an. Weil der *JLauncher* im Ordner *C:\jdk1.3\jlauncher* liegt, sehen Sie zunächst diesen Ordner. Im Textfeld wird ein Befehl eingegeben, der über die Schaltfläche ausgeführt wird. Im Textbereich sehen Sie alle Meldungen, die beim Ausführen des fremden Prozesses entstehen.

- ☑ Mit dem Befehl `cd ..` gelangen Sie einen Ordner höher. Führen Sie diesen Befehl zweimal aus, um auf die Partition *C:* zu gelangen, wo die Datei *j2sdk1_3_0-doc.zip* liegt. Auf dem Etikett steht nun `C:\>`.

- ☑ Führen Sie den Befehl `jar -xvf j2sdk1_3_0-doc.zip` aus, um die Dokumentation zu entpacken. Die einzelnen Dateien werden während des Prozesses im unteren Textbereich aufgelistet. Das Programm `jar` gehört zum SDK.

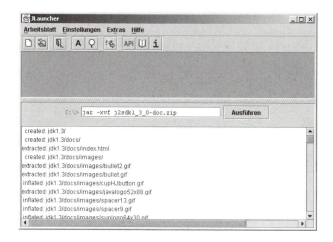

Bild 5.2:
Die entpackten Dateien

- ☑ Rufen Sie das Menü HILFE ♦ JAVA API auf und wählen Sie die Option JAVA API BESCHREIBUNG aus.

Bild 5.3:
Den Typ des Assistenten auswählen

☑ Nach einem Klick auf OK erscheint ein Dialog, in dem Sie sich zum Ordner *C:\jdk1.3\docs\api* begeben. Klicken Sie den Eintrag *api* einmal an.

Bild 5.4:
Den Ordner mit der Beschreibung zum API auswählen

☑ Über OPEN wird diese Einstellung dauerhaft gespeichert und ein einfacher Browser zeigt die Startseite *overview-summary.html* der Dokumentation zum API (Application Programming Interface) an.

Ein API ist eine Sammlung mit fertigen Klassen, die fachlich auch als Klassenbibliothek bezeichnet wird. Sie können sich die Startseite der API Beschreibung selbstverständlich auch mit Ihrem Lieblingsbrowser ansehen, der Ihnen wahrscheinlich mehr Komfort bietet.

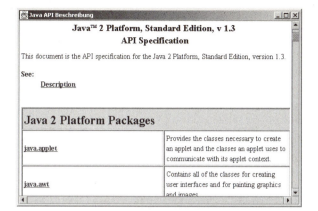

Bild 5.5:
Die Startseite der API Beschreibung mit den Paketen

In der Tabelle JAVA 2 PLATFORM PACKAGES sind alle verfügbaren Pakete aufgeführt, zum Beispiel das Paket java.awt.

Wenn Sie auf das Paket java.awt klicken, landen Sie bei den zugehörigen Klassen. In Kapitel 3 haben wir die Klasse Color für Farben kennen gelernt. Sie finden sie in der Tabelle CLASS SUMMARY.

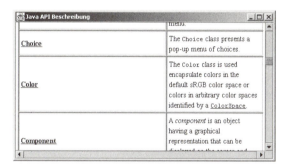

Bild 5.6:
Die Klasse Color im Paket java.awt

Wenn Sie auf die Klasse Color klicken, sehen Sie ihre Felder, Konstruktoren und Methoden in den Tabellen FIELD SUMMARY, CONSTRUCTOR SUMMARY und METHOD SUMMARY. Es gibt zum Beispiel das statische Feld blue des Typs Color, sodass wir eine blaue Farbe mit Color.blue erhalten.

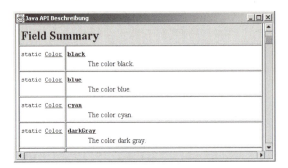

Bild 5.7:
Das Feld blue in
der Klasse Color

Die UML-Diagramme in diesem Buch zeigen stets nur die Eigenschaften, die im gegenwärtigen Zusammenhang wichtig sind. Daher lohnt es sich, in der Java API Beschreibung mitzublättern.

Zur Startseite zurückkehren

Links oben auf jeder Seite der Java API Beschreibung finden Sie den Verweis OVERVIEW. Wenn Sie auf ihn klicken, gelangen Sie zur Übersicht mit den Paketen zurück.

Bild 5.8:
Zurück zur Startseite
gelangen

5.2 Einen Bildlader entwickeln

Die Funktionen eines Bildladers beruhen auf den Klassen `Applet`, `MediaTracker`, `FilteredImageSource` und `CropImageFilter` des Java API. Wir sehen uns zunächst einige Eigenschaften dieser Klassen an, bevor wir den `ImageLoader` entwickeln.

5.2.1 Ein Bild laden

Die Datei *BigAppleBigSymbol.gif* enthält die Symbole für den Slot *Big Apple*. Im Arbeitsblatt *ImageLoader1.ws* für ein AWT-Applet laden wir das Bild und zeigen es auf der Grafik des Applets an.

Bild 5.9:
Das Bild mit den Symbolen für *Big Apple*

Mit der Anweisung

`setSize(392, 60);`

legen wir die Größe des Applets auf 392 x 60 Pixel fest, was der Bildgröße entspricht.

In der Klasse `Applet` im Paket `java.applet` gibt es zwei wichtige Methoden, die uns beim Laden eines Bildes helfen.

Applet
«method» + getImage(URL, String): Image + getCodeBase(): URL

Bild 5.10:
UML-Diagramm eines Applets

Um ein Bild mit der Methode `getImage` zu laden, benötigen wir die `URL` des Ordners und den Dateinamen als `String`. Die `URL` des Ordners mit dem Applet liefert die Methode `getCodeBase`. Wenn das Bild im Ordner des Applets liegt, erhalten wir es folglich mit der Anweisung

```
Image image = getImage(getCodeBase(),
    "BigAppleBigSymbol.gif");
```

Das Paket `java.awt` muss importiert werden, weil die Klasse `Image` zu ihm gehört. Mit der Anweisung

```
g.drawImage(image, 0, 0, this);
```

müsste das Bild mit den Slotsymbolen im Applet erscheinen.

Bei der Ausführung des Arbeitsblattes *ImageLoader2.ws* sehen wir aber nichts.

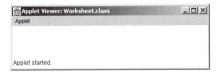

Bild 5.11:
Keine Slotsymbole
im Applet

Der Grund hierfür ist recht einfach. Die Methode `getImage` löst nur den Ladeprozess aus, wartet aber nicht, bis das Bild vollständig geladen ist. Weil bei der Malanweisung noch keine Bilddaten da sind, bleibt das Applet leer. Abhilfe schafft ein `MediaTracker` im Paket `java.awt`, der den Ladeprozess beobachtet und das gegenwärtige Programm solange anhält, bis alle Daten geladen sind.

Bild 5.12:
UML-Diagramm eines
`MediaTracker`

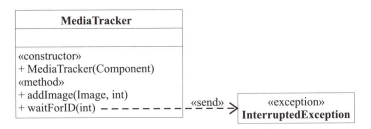

Der Konstruktor verlangt eine Komponente. Weil ein Applet eine Komponente ist, erschaffen wir mit der Anweisung

```
MediaTracker tracker = new MediaTracker(this);
```

einen `MediaTracker`. Er ist in der Lage, mehrere Bilder gleichzeitig zu beobachten. Durch die Vergabe von Ganzzahlen zur Identifizierung können wir warten, bis eine bestimmte Gruppe von Bildern vollständig geladen ist.

Methode	Bedeutung
AddImage	Den `MediaTracker` auf ein Bild aufmerksam machen und das Bild mit einer ID versehen
WaitFor	Auf das Ende des Ladeprozesses bei allen Bildern mit einer bestimmten ID warten

Tabelle 5.1: Methoden eines `MediaTracker`

Wir vergeben die ID 0 an das Bild mit den Slotsymbolen.

```
tracker.addImage(image, 0);
```

Die Methode `waitForID` kann, ähnlich wie die Methode `sleep` in der Klasse `Thread`, eine `InterruptedException` auswerfen. Daher benötigen wir eine `try-catch` Anweisung.

```
try {
  tracker.waitForID(0);
} catch(InterruptedException e) {
}
```

Wir halten das Programm solange an, bis das Bild mit der ID 0 vollständig geladen ist. Anschließend ist die Malanweisung

```
g.drawImage(image, 0, 0, this);
```

erfolgreich.

5.2.2 Einen Bildausschnitt erhalten

Im Arbeitsblatt *ImageLoader3.ws* schneiden wir die Glocke der Bildersammlung mit den Slotsymbolen aus.

Bild 5.13: Die Glocke im Applet

Einen Bildlader entwickeln **105**

Die Glocke erhalten wir mit der Anweisung

```
Image part = createImage(new FilteredImageSource(
    image.getSource(), new CropImageFilter(168, 0, 56, 60)));
```

die wir uns im Folgenden etwas genauer ansehen.

Ein Applet ist eine Komponente, die mit der Methode `createImage` ein Bild aus den Daten eines Bildproduzenten aufbauen kann.

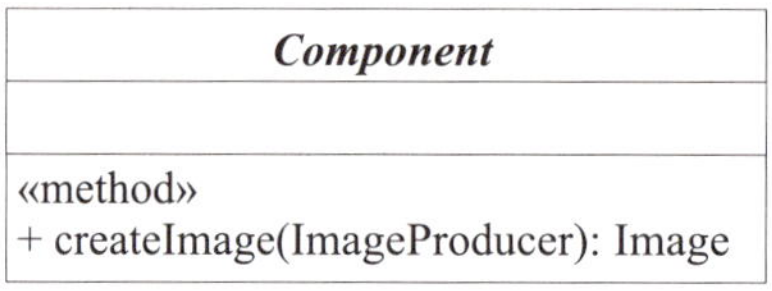

Bild 5.14: UML-Diagramm von `Component`

Component
«method» + createImage(ImageProducer): Image

Die Klasse `FilteredImageSource` im Paket `java.awt.image` dient als Bildproduzent.

Bild 5.15: UML-Diagramm von `FilteredImage-Source`

FilteredImageSource
«constructor» + FilteredImageSource(ImageProducer, ImageFilter)

Der Konstruktor benötigt einen Bildproduzenten mit den Originaldaten des Bildes `image` und einen Filter für den Bereich, der ausgeschnitten werden soll.

Den Bildproduzenten eines Bildes erhalten wir mit der Methode `getSource` der Klasse `Image` im Paket `java.awt`.

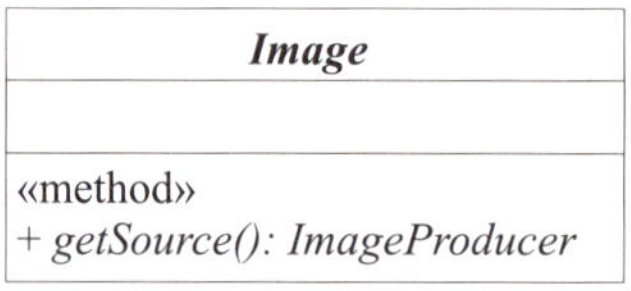

Bild 5.16: UML-Diagramm von `Image`

Image
«method» + *getSource(): ImageProducer*

Einen Filter zum Ausschneiden eines rechteckigen Bereichs stellt die Klasse `CropImageFilter` im Paket `java.awt.image` dar.

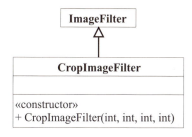

Bild 5.17:
UML-Diagramm von `CropImageFilter`

Ein `CropImageFilter` ist ein `ImageFilter`. Nun müssen wir nur noch alle Methoden und Konstruktoren geschickt miteinander kombinieren.

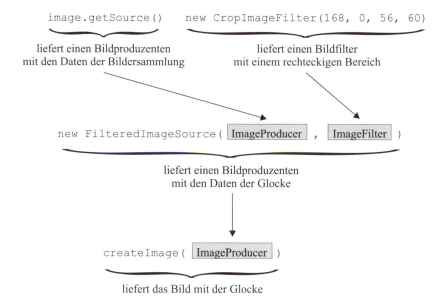

Bild 5.18:
Kombination der Bildproduzenten und Filter

Im Arbeitsblatt *ImageLoader4.ws* folgt nun direkt die Anweisung

`g.drawImage(part, 0, 0, this);`

Wenn wir es ausführen, sehen wir keine Glocke, weil das Ausschneiden eines Teilbildes wie das Laden eines Bildes ein Prozess ist, der asynchron zum Programm verläuft.

Bild 5.19:
Keine Glocke im Applet

Daher vergeben wir dem Bild `part` die ID 1 und lassen es durch den `MediaTracker` beobachten.

```
tracker.addImage(part, 1);
try {
  tracker.waitForID(1);
} catch(InterruptedException e) {
}
g.drawImage(part, 0, 0, this);
```

Jetzt ist klar, wie wir in einem Applet ein Bild laden und einen Ausschnitt erhalten. Stellen Sie sich mal vor, wieviel Quellcode in den Kapiteln 3 und 4 nötig gewesen wäre, wenn wir keinen `Image-Loader` zur Hand gehabt hätten.

5.2.3 Eine Klasse aufbauen

Das Grundgerüst für eine Klasse besteht aus einem Kopf mit ihrer Deklaration und einem Rumpf, in den später die Felder zur Festlegung des Zustands, die Konstruktoren zur Initialisierung der Felder und die Methoden zur Beschreibung des Verhaltens hineinkommen.

```
<Klassendeklaration> {
  <Felder>
  <Konstruktoren>
  <Methoden>
}
```

☑ Rufen Sie im *JLauncher* das Menü ARBEITSBLATT ♦ NEU auf. Es erscheint ein Dialog, in dem Sie die Option KLASSE auswählen.

Bild 5.20:
Den Typ des Arbeits-
blattes angeben

☑ Nach einem Klick auf OK erscheint ein Arbeitsblatt für eine Klasse auf dem Desktop des *JLauncher*.

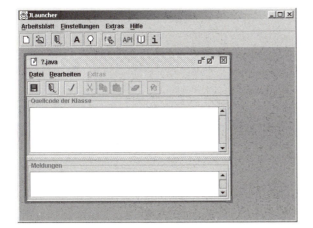

Bild 5.21:
Ein Arbeitsblatt
für eine Klasse

☑ Schreiben Sie das Grundgerüst für die Klasse `ImageLoader` in den Textbereich QUELLCODE DER KLASSE hinein.

```
public class ImageLoader {
}
```

☑ Rufen Sie das Menü DATEI ♦ SPEICHERN auf. Der Quellcode einer Klasse muss in einer Datei gespeichert werden, deren Name aus dem Bezeichner der Klasse und der Erweiterung `.java` besteht. Auf große und kleine Buchstaben muss streng geachtet werden. Die Klasse `ImageLoader` wird also in der Datei *Image-Loader.java* gespeichert.

Bild 5.22:
Speichern einer Klasse

☑ Über SAVE wird die Klasse gespeichert.

Bereits bestehende Dateien überschreiben

Weil Sie in den Arbeitsblättern bisher den `ImageLoader` eingesetzt haben, befindet sich bereits eine Datei *ImageLoader.java* im Ordner *C:\jdk1.3\jlauncher*. Sie können sie überschreiben, müssen aber darauf achten, dass sie später wieder vollständig ist, damit die Arbeitsblätter weiterhin funktionieren. Manchmal erhalten Dateien beim Kopieren von der CD-ROM das Attribut *schreibgeschützt*. Nach einem Klick mit der rechten Maustaste auf eine Datei öffnet sich ein Popup-Menü, in dem Sie EIGENSCHAFTEN auswählen und anschließend das Kontrollkästchen SCHREIBGESCHÜTZT deaktivieren. Am einfachsten ist es hier, die Datei *ImageLoader.java* zu löschen.

 ☑ Rufen Sie das Menü BEARBEITEN ◆ KOMPILIEREN auf. Es entsteht die Datei *ImageLoader.class*. Weil das Grundgerüst der Klasse `ImageLoader` fehlerfrei ist, sehen Sie eine Erfolgsmeldung.

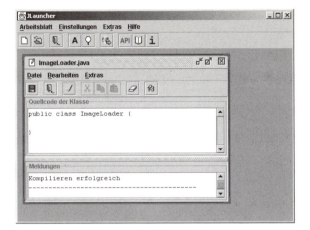

Bild 5.23:
Das Arbeitsblatt nach dem Kompilieren

Der Compiler überprüft, ob der Quellcode in der Datei *ImageLoader.java* fehlerfrei ist, und übersetzt ihn in einen kompakteren Bytecode, der in der Datei *ImageLoader.class* gespeichert wird. Der Bytecode ist vom jeweiligen Betriebssystem unabhängig und läuft daher unter Linux, Mac OS, Solaris oder Windows gleich ab. Wenn das Programm fertig ist, werden häufig nur die Dateien mit der Erweiterung **.class* an die Kunden verteilt.

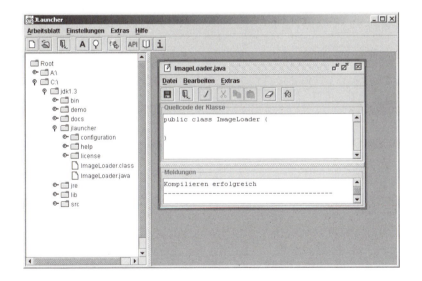

Bild 5.24:
Quellcode und Bytecode im Ordnerbaum

Bevor wir zu den Feldern, Konstruktoren und Methoden kommen, sehen wir uns kurz den allgemeinen Aufbau einer Klassendeklaration an.

Einen Bildlader entwickeln

```
public class <Bezeichner>
```

Das Schlüsselwort `public` drückt aus, dass die Klasse öffentlich ist. Daher dürfen wir sie ohne Einschränkungen betreten, wenn wir zum Beispiel eine Methode aufrufen wollen. Mit dem Schlüsselwort `class` weisen wir darauf hin, dass es sich um eine Deklaration einer Klasse handelt. Anschließend folgt ihr Bezeichner.

5.2.4 Den Zustand mit Feldern festlegen

In der Klasse `ImageLoader` benötigen wir vier Felder.

Bild 5.25:
UML-Diagramm
von `ImageLoader`

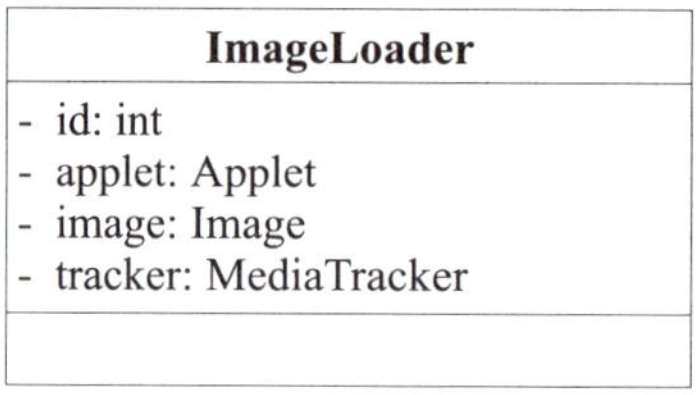

ImageLoader
- id: int
- applet: Applet
- image: Image
- tracker: MediaTracker

Tabelle 5.2:
Bedeutung der Felder
in `ImageLoader`

Feld	Bedeutung
id	Ein `MediaTracker` hält ein Programm so lange an, bis alle Bilder mit einer bestimmten ID geladen sind. Um nicht den Überblick über die IDs zu verlieren, speichern wir die höchste ID im Feld `id`.
applet	Zum Erschaffen des `MediaTracker` und zum Aufrufen der Methode `createImage` ist eine Komponente nötig. Wir verwenden das Applet mit dem Spielcasino.
image	Dieses Feld enthält das gegenwärtig geladene Bild.
tracker	Auf den `MediaTracker` greifen wir über das Feld `tracker` zu.

Vor den Feldern der Klasse `ImageLoader` steht ein Minus-Zeichen. Damit drücken wir aus, dass sie private Eigenschaften darstellen, auf die wir nur zugreifen können, wenn wir uns innerhalb der Klasse befinden.

Im UML-Diagramm der Katze haben wir die öffentlichen Felder `zähne`, `krallen`, `tatzen`, `länge` und das private Feld `alter` vorgesehen.

Katze
+ zähne: int
+ krallen: int
+ tatzen: int
- alter: int
+ länge: double

Bild 5.26:
UML-Diagramm
der Katze

Weil wir das Alter einer Katze nur schätzen können, ist das Feld `alter` privat. Dadurch wird verhindert, dass jemand in einem Programm auf die Idee kommt, mit `pussy.alter` das Alter der Katze `pussy` zu ermitteln. Der Compiler überprüft die Zugriffsmöglichkeit und würde sofort einen Fehler ausgeben und keinen Bytecode für das Programm erzeugen.

In einem Programm, in dem wir einen `ImageLoader` verwenden, haben wir keinen Bedarf, an eines der Felder `id`, `applet` oder `tracker` heranzukommen. Daher sind sie alle privat. Das Feld `image` mit dem zuletzt geladenen Bild ist jedoch wichtig. Wenn es öffentlich wäre, könnten wir das gegenwärtig geladene Bild mit `loader.image` erhalten, wobei der Bildlader den Bezeichner `loader` hätte.

Eine weit verbreitete Vorstellung von einem Objekt ist, dass es Felder in seinem Kern enthält, die durch Methoden nach außen hin abgeschirmt sind. Wenn alle Felder privat sind, kommen wir von außen nicht an sie heran, indem wir ihre Bezeichner aufrufen. Diese Tatsache wird fachlich als Datenkapselung bezeichnet. Wir sind gezwungen, die Werte der Felder über Methoden abzufragen. Die Methoden bilden somit eine durchlöcherte Ummantelung.

Bild 5.27:
Kapselung von Feldern
durch Methoden

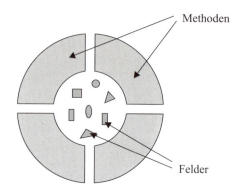

Wenn wir die Felder der Katze privat machen, benötigen wir für jedes Feld eine Methode, um in ihren Kern einzudringen. Zum Beispiel kommen wir mit der Methode `getZähne` an die Anzahl der Zähne heran. Mit der Methode `setZähne` ändern wir die Anzahl der Zähne nach einem Unfall.

Bild 5.28:
UML-Diagramm
der Katze

Katze
- zähne: int
«method»   + getZähne(): int   + setZähne(int)

Die meisten Programmierer halten sich an das Prinzip der Datenkapselung und stellen für die Felder, die in einem Programm von Interesse sein können, eine `get` und eine `set` Methode zur Verfügung. Der Vorteil dieser Vorgehensweise liegt klar auf der Hand. Weil private Felder nicht aufgerufen werden dürfen, ist es möglich, den Kern einer Klasse später zu renovieren oder umzubauen. Die komplette Kommunikation wird über den Methodenschirm abgewickelt.

Die Einführung der privaten Felder in die Klasse `ImageLoader` ist einfach.

```
public class ImageLoader {
    private int id;
    private Applet applet;
```

```
    private Image image;
    private MediaTracker tracker;
}
```

Der allgemeine Aufbau der Deklaration eines privaten Feldes besteht aus dem Schlüsselwort `private`, seinem Typ und seinem Bezeichner.

```
private <Typ> <Bezeichner>
```

Hinter der Deklaration können wir einem Feld mit dem Zuweisungsoperator = einen geeigneten Wert zuweisen.

```
private <Typ> <Bezeichner> = <Wert>
```

Ein abschließendes Semikolon dürfen wir in beiden Fällen nicht vergessen.

Wenn wir einem Feld keinen Wert zuweisen, erhält es einen Standardwert. Felder des Typs `boolean` haben den Standardwert `false`, Felder für Zahlentypen (zum Beispiel `int` oder `double`) den Wert 0 oder 0.0 und Felder für Objekte den Wert `null`.

Kein Wert ist auch ein Wert!

Wenn einem Feld für einen referenzierenden Typ (zum Beispiel `String`) kein Wert zugeordnet wird, hat es automatisch den Wert `null`. Diese Nullreferenz kennzeichnet den Wert „keinen Wert". Sollten wir an einer Stelle im Programm ein Objekt nicht mehr benötigen, können wir der Variablen den Wert `null` zuweisen. Die Müllabfuhr, die regelmäßig alle unnützen Objekte aus dem Speicher entfernt, wird nun schneller auf solche Objekte aufmerksam.

Die Felder `id`, `applet`, `image` und `tracker` haben die Anfangswerte 0, null, null und null.

5.2.5 Felder mit Konstruktoren initialisieren

Konstruktoren sind Hilfsmittel zur Erschaffung von Objekten. Sie dienen im Wesentlichen dazu, die Felder mit vernünftigen Werten zu belegen.

Im Kopf eines Konstruktors finden wir seine Deklaration. Die Anweisungen zur Initialisierung der Felder stehen in seinem Rumpf.

```
<Konstruktordeklaration> {
  <Anweisungen zur Initialisierung der Felder>
}
```

Die Deklaration eines Konstruktors startet mit dem Schlüsselwort `public`, damit wir ihn uneingeschränkt aufrufen können. Es folgt ein Bezeichner, der mit dem Bezeichner der Klasse identisch sein muss. Anschließend führen wir in den runden Klammern eine Liste mit Argumenten auf, deren Werte an die Felder weitergereicht werden sollen.

```
public <Bezeichner>(<Liste mit Argumenten>)
```

Das Feld `id` des `ImageLoader` hat bereits den Wert 0, der als Startwert gut geeignet ist. Auf eine Initialisierung können wir daher verzichten. Das Applet müssen wir als Argument übergeben, damit das Feld `applet` einen vernünftigen Wert erhält. Mit seiner Hilfe erschaffen wir dann den `MediaTracker`. Das Bild `image` wird durch eine Methode geladen. Der Konstruktor der Klasse `Image-Loader` hat also nur ein Argument.

Bild 5.29: UML-Diagramm von `ImageLoader`

ImageLoader
- id: int - applet: Applet - image: Image - tracker: MediaTracker
«constructor» + ImageLoader(Applet)

Bei jedem Argument in den runden Klammern geben wir einen Typ und einen Bezeichner an. Zum Beispiel erhält der Konstruktor der Klasse `ImageLoader` ein Applet als Argument, dem wir den Bezeichner `applet` geben.

```
public ImageLoader(Applet applet) {
  <Anweisungen zur Initialisierung der Felder>
}
```

Wenn wir später einen Bildlader mit der Anweisung

```
ImageLoader loader = new ImageLoader(this);
```

erschaffen, wird vor den Anweisungen zur Initialisierung der Felder zunächst die Variable `applet` des Typs `Applet` deklariert. Ihr wird der übergebene Wert zugewiesen.

```
Applet applet = <Wert des Arguments>;
```

Auf die übergebenen Argumente können wir also leicht über den angegebenen Bezeichner zugreifen.

Namenskonflikte vermeiden

Alle Argumente stehen unter den Bezeichnern zur Verfügung, die in der Liste angegeben sind. Es ist verboten, bei den Anweisungen zur Initialisierung der Felder eine neue Variable mit einem Bezeichner einzuführen, der bereits in der Argumentliste auftaucht. Ein Namenskonflikt kann aber auch eintreten, wenn ein Argument denselben Bezeichner wie ein Feld in der Klasse hat. Die Felder wirken global und sind somit in der gesamten Klasse sichtbar. Die Argumente werden hingegen nur lokal eingerichtet. Bei Namenskonflikten wird die lokale Variable der globalen Variable vorgezogen. Um an das Feld heranzukommen, müssen wir dann die Referenz `this` zum gegenwärtigen Objekt verwenden.

In den Konstruktor eines Bildladers schimmert das Feld `applet` als globale Variable hinein. Durch die Übergabe des Arguments ist aber noch die lokale Variable `applet` vorhanden. Daher wird das Feld versteckt und ist nur noch über `this.applet` ansprechbar.

Mit der Anweisung

```
this.applet = applet;
```

weisen wir den Wert des Arguments `applet` dem Feld `applet` des Objekts `this` zu, in dem wir uns gerade befinden.

Die Erschaffung des `MediaTracker` geschieht durch

```
tracker = new MediaTracker(applet);
```

wobei `applet` wieder das übergebene Argument kennzeichnet. Obwohl es sich bei `tracker` um ein Feld handelt, dürfen wir auf den Zusatz `this` verzichten, weil es keine lokale Variable mit demselben Bezeichner gibt.

Damit sind die Anweisungen zur Initialisierung der Felder bereits komplett und wir werfen abschließend noch einen Blick auf die Klasse `ImageLoader`, wie sie zurzeit aussieht.

```
public class ImageLoader {
  private int id;
  private Applet applet;
  private Image image;
  private MediaTracker tracker;
  public ImageLoader(Applet applet) {
    this.applet = applet;
    tracker = new MediaTracker(applet);
  }
}
```

Nun führen wir noch die Methoden ein, um die Klasse `ImageLoader` zu vervollständigen.

5.2.6 Das Verhalten durch Methoden beschreiben

Im Kopf einer Methode steht ihre Deklaration. Die Anweisungen, mit denen wir zum Beispiel den Zustand eines Objekts ändern, kommen in ihren Rumpf.

```
<Methodendeklaration> {
  <Anweisungen zur Beschreibung des Verhaltens>
}
```

Die Deklaration einer Methode beginnt entweder mit `public` oder `private`. Im Gegensatz zur öffentlichen Methode darf eine private Methode nur innerhalb der Klasse aufgerufen werden. Es folgt der Typ des Wertes, der als Ergebnis zurückgegeben wird. Wenn kein Ergebnis entsteht, finden wir das Schlüsselwort `void`. Hinter dem Bezeichner geben wir in den runden Klammern wie beim Konstruktor eine Liste mit Argumenten an.

```
public/private <Typ> <Bezeichner>(<Liste mit Argumenten>)
```

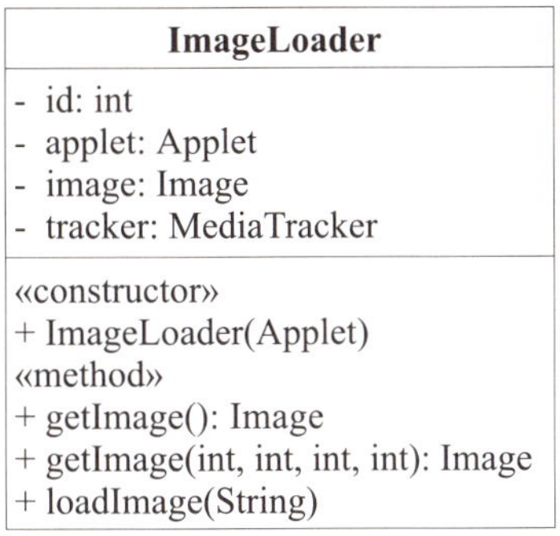

ImageLoader
- id: int - applet: Applet - image: Image - tracker: MediaTracker
«constructor» + ImageLoader(Applet) «method» + getImage(): Image + getImage(int, int, int, int): Image + loadImage(String)

Bild 5.30: UML-Diagramm von `ImageLoader`

Die Methode `getImage` ohne Argument liefert das vollständige Bild, das im Feld `image` gespeichert ist. Der Rückgabetyp ist also `Image`. Mit der `return` Anweisung

```
return <Ausdruck>;
```

geben wir einen Wert als Ergebnis zurück. Hierdurch wird die Methode sofort beendet, so dass hinter einer `return` Anweisung keine weiteren Anweisungen mehr stehen dürfen.

Die Methode zur Rückgabe des Feldes image sieht sehr einfach aus.

```
public Image getImage() {
  return image;
}
```

Um ein Bild zu laden, übergeben wir den Ort seiner Datei als Zeichenkette. Er steht als lokale Variable unter dem Bezeichner location zur Verfügung. Die Methode loadImage liefert kein Ergebnis, sodass wir void verwenden und keine return Anweisung benötigen.

```
public void loadImage(String location) {
  image = applet.getImage(applet.getCodeBase(),
      location);
  tracker.addImage(image, id);
  try {
    tracker.waitForID(id++);
  } catch(InterruptedException e) {
  }
}
```

Weil wir uns nicht mehr in einem Arbeitsblatt für ein AWT-Applet befinden, müssen wir genau auf die Täter der Methoden achten. Daher erwähnen wir vor getImage und getCodeBase noch das Feld applet.

Bei den Operatoren -- und ++, die eine Variable um 1 erniedrigen oder erhöhen, ist eine Besonderheit zu beachten.

Tabelle 5.3: Unterschiede zwischen Frontposition und Endposition

Stellung des Operators -- oder ++	Reihenfolge der Auswertung
Frontposition (zum Beispiel ++x)	Zuerst wird die Variable erniedrigt oder erhöht. Danach wird der neue Wert der Variablen verwendet.
Endposition (zum Beispiel x++)	Zuerst wird der Wert der Variablen verwendet. Danach wird die Variable erniedrigt oder erhöht.

In der Methode `waitForID` steht der Ausdruck `id++`. Wenn das Feld `id` vorher den Wert 0 hat, wird der Wert 0 als Argument der Methode `waitForID` übergeben. Anschließend wird das Feld `id` um 1 erhöht. Wenn wir `++id` geschrieben hätten, wäre das Feld `id` zuerst erhöht worden und anschließend der Wert 1 als Argument der Methode `waitForID` übergeben worden.

Die Methode `getImage` zum Ausschneiden eines Bereichs dürfte nun keine Schwierigkeiten mehr bereiten.

```
public Image getImage(int x, int y, int w, int h) {
  Image part = applet.createImage(new FilteredImageSource(
      image.getSource(), new CropImageFilter(x, y, w, h)));
  tracker.addImage(part, id);
  try {
    tracker.waitForID(id++);
  } catch(InterruptedException e) {
  }
  return part;
}
```

Auch hier müssen wir bei der Methode `createImage` an den Täter `applet` denken.

5.2.7 Pakete importieren

In der Klasse `ImageLoader` kommen die Typen `Applet`, `Image`, `MediaTracker`, `FilteredImageSource`, `CropImageFilter`, `InterruptedException` vor. Sie gehören zu den Paketen `java.applet`, `java.awt`, `java.awt.image` und `java.lang`.

Bisher haben wir Pakete im *JLauncher* über das Menü IMPORTIEREN bekannt gemacht. Durch die `import` Anweisungen

```
import java.applet.*;
import java.awt.*;
import java.awt.image.*;
```

am Anfang der Klasse `ImageLoader` importieren wir alle Typen der Pakete `java.applet`, `java.awt` und `java.awt.image`. Auf das Paket `java.lang` dürfen wir verzichten, weil es automatisch eingebunden wird.

Zum Abschluss werfen wir noch einen Blick über den Quellcode.

Bild 5.31:
Globale und lokale
Variablen in der Klasse
ImageLoader

```java
import java.applet.*;
import java.awt.*;
import java.awt.image.*;

public class ImageLoader {

   private int id;

   private Applet applet;

   private Image image;

   private MediaTracker tracker;

   public ImageLoader(Applet applet) {
      this.applet = applet;
      tracker = new MediaTracker(applet);
   }

   public void loadImage(String location) {
      image = applet.getImage(applet.getCodeBase(), location);
      tracker.addImage(image, id);
      try {
         tracker.waitForID(id++);
      } catch(InterruptedException e) {
      }
   }

   public Image getImage() {
      return image;
   }

   public Image getImage(int x, int y, int w, int h) {
      Image part = applet.createImage(new FilteredImageSource(
         image.getSource(), new CropImageFilter(x, y, w, h)));
      tracker.addImage(part, id);
      try {
         tracker.waitForID(id++);
      } catch(InterruptedException e) {
      }
      return part;
   }

}
```

Achten Sie besonders auf die Unterschiede zwischen globalen und lokalen Variablen. Die Felder id, applet, image und tracker wirken global. Sollte ein Feld allerdings mit einer lokalen Variablen konkurrieren, müssen wir die Referenz this verwenden, zum Beispiel this.applet. Die lokalen Variablen applet, location, x, y, w und h entstehen durch die Übergabe von Argumenten. Die lokale Variable part wird neu eingeführt.

5.3 Einen Klanglader zusammenstellen

Neben dem `ImageLoader` haben wir in Kapitel 4 noch mit einem `SoundLoader` gearbeitet. Seinen Quellcode wollen wir uns nun genauer ansehen.

5.3.1 Dateien über ihre Namen ansprechen

Klänge haben den Typ `AudioClip` und sind in Dateien gespeichert, deren Namen den Typ `String` haben. Es ist sehr vorteilhaft, wenn wir den `SoundLoader` so gestalten, dass die Audioclips über Dateinamen ansprechbar sind. Hierfür benötigen wir die Klasse `Hashtable` im Paket `java.util`, die eine spezielle Tabelle darstellt.

Hashtable
«constructor»
+ Hashtable()
«method»
+ clear()
+ get(Object): Object
+ put(Object, Object)
+ keys(): Enumeration

Bild 5.32: UML-Diagramm von `Hashtable`

Der Konstruktor benötigt keine Informationen über die voraussichtliche Größe der Tabelle, weil sie automatisch mitwächst, wenn wir neue Paare mit Schlüsseln und Werten hinzufügen.

Methode	Bedeutung
`clear`	Alle Schlüssel und Werte aus der Tabelle entfernen
`get`	Das Objekt zum angegebenen Schlüssel ermitteln
`put`	Ein Paar, das aus einem Schlüssel und einem Wert besteht, in die Tabelle einfügen
`keys`	Alle Schlüssel in einer Aufzählung zurückgeben

Tabelle 5.4: Methoden einer `Hashtable`

Eine `Hashtable` ordnet jedem Schlüssel genau einen Wert zu. Damit die Eindeutigkeit dieser Zuordnung nicht verloren geht, darf ein Schlüssel nicht mehrmals verwendet werden. Alle Schlüssel und Werte sind Objekte.

Um den Audioclip `clip` unter seinem Dateinamen `name` in einer Tabelle abzulegen, führen wir die Anweisung

```
put(name, clip);
```

aus.

Der Ausdruck `get(name)` ermittelt den Wert in der Tabelle, der zum Dateinamen `name` gehört. Wegen des Rückgabetyps der Methode `get` erhalten wir ein `Object`. Weil wir wissen, dass es sich genauer um einen `AudioClip` handelt, führen wir eine explizite Umwandlung durch. Dazu schreiben wir den Casting-Operator

```
(<gewünschter Typ>)
```

vor den Ausdruck. Mit der Anweisung

```
AudioClip clip = (AudioClip) get(name);
```

erhalten wir also den Audioclip `clip` zum Dateinamen `name`.

Auch bei der Übergabe von Argumenten ist zu beachten, ob sich ihre Typen implizit in die Typen umwandeln lassen, die in der Liste des Konstruktors oder der Methode angegeben sind. Zum Beispiel verlangt die Methode `put` zwei Objekte. Das ist so allgemein, dass ein implizites Casting nicht scheitert, wenn wir ihr einen Dateinamen und den zugehörigen Audioclip übergeben.

Implizites und explizites Casting

Jede Klasse hat einen Stammbaum, an deren Spitze die Klasse `Object` steht. Wenn Sie einen Typ in einen allgemeineren Typ umwandeln, also sich im Stammbaum nach oben bewegen, ist kein Casting-Operator nötig. Die Umwandlung wird implizit durchgeführt. Wenn Sie einen Typ in einen spezielleren Typ umwandeln, also im Stammbaum nach unten wandern, ist der Casting-Operator zwingend vorgeschrieben. Es muss eine explizite Umwandlung stattfinden.

Weil wir einen Audioclip mit `loop` abspielen können, dürfen wir die Tabelle nicht einfach entleeren. Sonst könnte es passieren, dass die Audioclips nicht mehr zu stoppen sind, bis der Benutzer verärgert das Programm abbricht. Die Methode `keys` liefert uns eine Aufzählung mit allen Schlüsseln der Tabelle.

«interface» *Enumeration*
«method»   + *hasMoreElements(): boolean*   + *nextElement(): Object*

Bild 5.33: UML-Diagramm von `Enumeration`

Methode	Bedeutung
`HasMoreElements`	prüfen, ob es noch mehr Elemente in der Aufzählung gibt
`NextElement`	das nächste Element aus der Aufzählung entfernen und zurückgeben

Tabelle 5.5: Methoden in `Enumeration`

Die Schlüssel in einer `Hashtable` erhalten wir mit der Anweisung

```
Enumeration enum = keys();
```

Solange es noch Schlüssel in der Aufzählung gibt, ermitteln wir den nächsten Schlüssel und den zugehörigen Wert.

```
while (enum.hasMoreElements()) {
  String name = (String) enum.nextElement();
  AudioClip clip = (AudioClip) get(name);
  <weitere Anweisungen für den Audioclip>
}
```

Die Methode `nextElement` hat den Rückgabetyp `Object`, sodass wir die Schlüssel explizit in den Typ `String` der Dateinamen umwandeln. Den Wert zum Dateinamen casten wir explizit in den Typ `AudioClip`.

5.3.2 Stammbäume von Klassen

Die Vererbung von Eigenschaften ist am einfachsten in der Welt der Lebewesen verständlich. Wir betrachten einen Hund, eine Katze, einen Hecht und einen Karpfen.

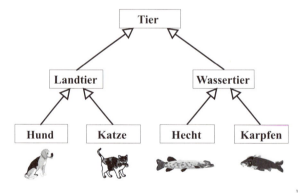

Bild 5.34:
Eigenschaften vererben

Weil der Hund die Katze jagt, können die Klassen für den Hund und die Katze nicht identisch sein. Das gilt ebenfalls für den Hecht und den Karpfen, der im frühen Lebensstadium vom Hecht gefressen wird. Doch worin besteht der Unterschied zwischen einem Hund und einem Hecht?

Zur Unterscheidung können wir den Atemvorgang über Lungen und Kiemen heranziehen. Außerdem ist die Fortbewegung an den Lebensraum angepasst. Eine Einteilung in Landtiere und Wassertiere ist daher sinnvoll, wenn wir mal vom biologischen Standpunkt absehen.

Landtiere und Wassertiere haben aber auch einige Gemeinsamkeiten, zum Beispiel ein Skelett oder Augen. Daher können wir diese beiden Gruppen allgemein als Tiere bezeichnen.

Aus diesen logischen Zusammenhängen entwickeln wir einen Stammbaum. Ein Hund ist somit ein Landtier. Weil ein Landtier ein Tier ist, ist ein Hund auch ein Tier. Der Karpfen ist ein Wassertier, aber kein Landtier.

In Java dürfen wir die Eigenschaften von Klassen an andere Klassen vererben. Nach dem Stammbaum der Tiere ist es zum Beispiel sinnvoll, die allgemeinen Eigenschaften von Tier über Landtier an den Hund zu vererben. Die Klasse Tier ist nun eine Oberklasse der Klasse Hund. Wenn es zwischen zwei Klassen keine weitere Klasse mehr gibt, sprechen wir auch von einer direkten Oberklasse. Zum Beispiel ist Wassertier eine direkte Oberklasse von Hecht. Neben Oberklassen gibt es auch Unterklassen. Ein Karpfen ist zum Beispiel eine Unterklasse von Tier.

In der Java API Beschreibung ist bei jeder Klasse ein Stammbaum mit allen Oberklassen zu finden.

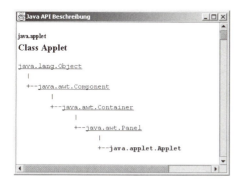

Bild 5.35:
Der Stammbaum eines Applets

Die Klasse Applet erbt alle Eigenschaften von Panel, ein Panel alle Eigenschaften von Container, ein Container alle Eigenschaften von Component und eine Component alle Eigenschaften von Object. Die Klasse Object ist grundlegend für alle Objekte und steht am Anfang jedes Stammbaums. Ein Applet ist zum Beispiel ein spezieller Container.

In einem Applet haben wir schon mit den Methoden setSize und setBackground gearbeitet. Wenn wir uns die Tabelle mit den Methoden ansehen, finden wir sie jedoch nicht. Hinter der Tabelle METHOD SUMMARY gibt es allerdings noch einige Tabellen mit Methoden, die aus den Oberklassen von Applet vererbt werden.

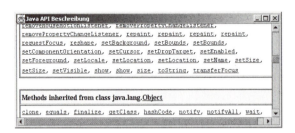

Bild 5.36:
Tabellen mit vererbten Methoden

In der Tabelle METHODS INHERITED FROM CLASS JAVA.AWT.COMPONENT finden wir die Methoden setSize und setBackground. Weil Applets die Eigenschaften von Komponenten erben, dürfen wir diese beiden Methoden in Applets aufrufen.

Wir kommen nun auf das Vererbungsdiagramm bei den Tieren zurück. Die Klasse Hund ist von der Klasse Landtier abgeleitet. Manchmal ist es wünschenswert, dass eine Klasse die Eigenschaften von zwei Klassen erbt. Wenn es zum Beispiel die Klasse Dressur gibt, erhalten wir dressierte Hunde, indem wir den Hund von Landtier und Dressur ableiten.

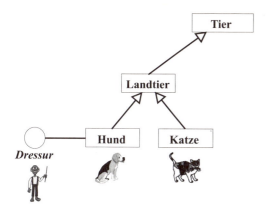

Bild 5.37:
Mehrfachvererbung
beim Hund

Java unterstützt keine Mehrfachvererbung in dem Sinn, dass eine Klasse die Eigenschaften von mehreren Klassen erbt. Es gibt aber die Möglichkeit, beliebig viele Schnittstellen in eine Klasse zu implementieren. Hierbei handelt es sich um Sammlungen von Feldern und Methoden.

Um dressierte Hunde zu erhalten, entwickeln wir zum Beispiel die Schnittstelle `Dressur` und implementieren sie in die Klasse `Hund`. In UML-Diagrammen werden Schnittstellen in vereinfachter Form durch einen Kreis dargestellt. Bei einer Aufführung der Felder und Methoden schreiben wir das Stichwort «interface» über den Bezeichner der Schnittstelle. Das haben wir schon im Bild 5.33 beim UML-Diagramm einer `Enumeration` gemacht. Eine Aufzählung ist also ein Objekt, das die Schnittstelle `Enumeration` implementiert.

Die direkte Oberklasse und die implementierten Schnittstellen stehen in der Deklaration einer Klasse hinter ihrem Bezeichner.

```
extends <Oberklasse> implements <Liste mit Schnittstellen>
```

Weil jede Klasse nur eine direkte Oberklasse haben darf, sind wir nur über Schnittstellen in der Lage, weitere Eigenschaften zu vererben.

Aufgrund der Klassendeklaration weiß der Compiler sehr genau, welche Typen eine Klasse annehmen darf. In der Java API Beschreibung ist bei jeder Klasse auch ihre Deklaration aufgeführt.

Bild 5.38:
Die Deklaration der
Klasse Component

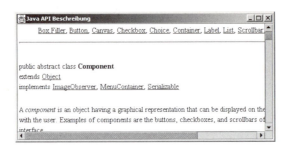

Die Klasse Component im Paket java.awt ist zum Beispiel von der Klasse Object abgeleitet und implementiert die Schnittstellen ImageObserver, MenuContainer und Serializable. Weil ein Applet alle Eigenschaften einer Component erbt, enthält es implizit auch die Schnittstelle ImageObserver. Die Methode drawImage in der Klasse Graphics verlangt an der vierten Stelle einen solchen ImageObserver. Daher haben wir in einem Arbeitsblatt für ein AWT-Applet die Referenz this zum gegenwärtigen Applet eingetragen, was also völlig korrekt ist.

Bild 5.39:
Informationen unter
dem Stammbaum der
Klasse Applet

Die implementierten Schnittstellen sind direkt unter dem Stammbaum einer Klasse zusammengestellt, so dass wir nicht erst in allen Oberklassen nachsehen müssen.

5.3.3 Die Eigenschaften einer Tabelle an einen Klanglader vererben

Den Klanglader gestalten wir als spezielle Hashtable.

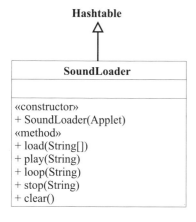

Bild 5.40:
UML-Diagramm
von SoundLoader

Die direkte Oberklasse geben wir hinter dem Schlüsselwort extends in der Deklaration des SoundLoader an.

```
public class SoundLoader extends Hashtable {
   <Felder, Konstruktoren und Methoden>
}
```

Als Feld führen wir nur ein Applet ein.

```
private Applet applet;
```

Die Initialisierung findet im Konstruktor statt.

```
public SoundLoader(Applet applet) {
   this.applet = applet;
}
```

Die Schnittstelle AudioClip im Paket java.applet enthält drei wichtige Methoden zum Abspielen von Audioclips.

Bild 5.41:
UML-Diagramm
von AudioClip

Einen Klanglader zusammenstellen

Tabelle 5.6:
Methoden in
`AudioClip`

Methode	Bedeutung
play	einen Audioclip einmal abspielen
loop	einen Audioclip ständig abspielen
stop	die Wiedergabe eines Audioclips stoppen

Weil ein `SoundLoader` alle Methoden der `Hashtable` erbt, können wir direkt die Methode `get` nutzen, um einen Audioclip einmal abzuspielen, ständig abzuspielen oder zu stoppen. Wir übergeben ihr den Dateinamen des Audioclips.

```
public void play(String name) {
   AudioClip clip = (AudioClip) get(name);
   clip.play();
}
public void stop(String name) {
   AudioClip clip = (AudioClip) get(name);
   clip.stop();
}
public void loop(String name) {
   AudioClip clip = (AudioClip) get(name);
   clip.loop();
}
```

5.3.4 Die Länge einer Aufstellung ermitteln

Mit der Methode `getAudioClip` in der Klasse `Applet` laden wir einen Audioclip. Sie verlangt einen Ordner als `URL` und einen Dateinamen. Wenn die Audioclips im gleichen Ordner wie der Bytecode des Applets liegen, rufen wir die Methode `getCodeBase` auf, um die zugehörige `URL` zu erhalten.

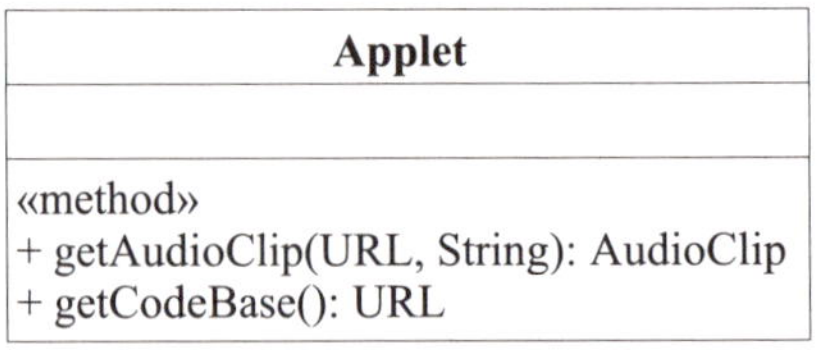

Bild 5.42:
UML-Diagramm
von `Applet`

Applet
«method» + getAudioClip(URL, String): AudioClip + getCodeBase(): URL

Die Dateinamen der Audioclips übergeben wir der Methode load als Aufstellung des Typs String[]. Zum Zustand einer Aufstellung gehört die Anzahl der Plätze, die wir mit dem Feld length erhalten. Zum Beispiel liefert list.length die Anzahl der Audioclips, die wir in einer for Anweisung laden.

```
public void load(String[] list) {
  for (int i = 0; i < list.length; i++) {
    put(list[i], applet.getAudioClip(applet.getCodeBase(),
        list[i]));
  }
}
```

5.3.5 Eine Methode überschreiben

Weil ein SoundLoader alle Eigenschaften einer Hashtable erbt, ist die Methode clear bereits bekannt. Sie sorgt dafür, dass alle Paare mit Schlüsseln und Werten aus der Hashtable entfernt werden.

Audioclips, die ständig abgespielt werden, wollen wir vor dem Entleeren der Hashtable noch stoppen. Daher müssen wir die vererbte Methode clear durch eine neue Version überschreiben.

Beim Überschreiben ist zu beachten, dass der Rückgabetyp und die Signatur der ursprünglichen Methode beibehalten werden. Zur Signatur einer Methode zählt ihr Bezeichner, die Anzahl der übergebenen Argumente und die zugehörigen Typen in der richtigen Reihenfolge.

Mit der Methode keys erhalten wir eine Enumeration mit allen Paaren der Hashtable. Wir stoppen jeden Audioclip, unabhängig davon, ob er nur einmal oder ständig abgespielt wird.

```
public void clear() {
  Enumeration enum = keys();
  while(enum.hasMoreElements()) {
    String name = (String) enum.nextElement();
    AudioClip clip = (AudioClip) get(name);
    clip.stop();
  }
  <Anweisung zur Entleerung der Hashtable>
}
```

Zum Abschluss müssen wir noch daran denken, die Hashtable zu entleeren. Um das zu erledigen, rufen wir die ursprüngliche Methode clear auf. Das geschieht nicht durch die Anweisung

```
clear();
```

Hierdurch würden wir die neue Version von clear erneut aufrufen, was zu einem unendlichen Zyklus führt, weil am Ende wieder die Methode clear steht. Um die ursprüngliche Version aufzurufen, verwenden wir den Täter super.

```
super.clear();
```

Mit super kommen wir an die Mitglieder der Oberklasse heran.

5.3.6 Der Standardkonstruktor

Im SoundLoader befindet sich zwar ein Konstruktor, aber die vererbten Felder einer Hashtable erhalten von uns keine vernünftigen Werte. Um Probleme zu vermeiden, führt der Compiler automatisch die Anweisung

```
super();
```

an der ersten Stelle im Rumpf des Konstruktors ein. Sie sorgt für die Ausführung der Anweisungen, die im Konstruktor ohne Argumente der Hashtable stehen.

Konstruktoren mit this und super selbst aufrufen (Tipp)

Die Anweisungen eines Konstruktors der gegenwärtigen Klasse werden durch `this(<Argumente>);` ausgeführt. Es muss darauf geachtet werden, dass es einen Konstruktor mit einer passenden Argumentliste gibt. Mit `super(<Argumente>);` führen wir die Anweisungen in einem Konstruktor der Oberklasse aus. In einem Konstruktor darf nur eine dieser beiden Anweisungen vorkommen, die an der ersten Stelle stehen muss. Wenn wir den Aufruf eines Konstruktors der gegenwärtigen oder übergeordneten Klasse vergessen, führt der Compiler stets die Anweisung `super();` ein, damit die vererbten Felder vernünftige Werte erhalten.

Wenn eine Klasse keinen Konstruktor hat, führt der Compiler den Standardkonstruktor

```
public <Bezeichner>() {
}
```

ein. Die Anweisung `super();` gelangt automatisch in seinen Rumpf.

Nun wissen wir, dass die Felder, die von einer `Hashtable` vererbt werden, automatisch vernünftige Werte erhalten und schreiben nur noch die `import` Anweisungen

```
import java.applet.*;
import java.util.*;
```

in den `SoundLoader` hinein, um die benutzten Klassen des Java API bekannt zu machen. Zum Abschluss werfen wir noch einen Blick über den gesamten Quellcode eines Klangladers.

Bild 5.43:
Quellcode des
SoundLoader

```
import java.applet.*;
import java.util.*;

public class SoundLoader extends Hashtable {

  private Applet applet;

  public SoundLoader(Applet applet) {
    this.applet = applet;
  }

  public void load(String[] list) {
    for (int i = 0; i < list.length; i++) {
      put(list[i], applet.getAudioClip(applet.getCodeBase(),
          list[i]));
    }
  }

  public void play(String name) {
    AudioClip clip = (AudioClip) get(name);
    clip.play();
  }

  public void stop(String name) {
    AudioClip clip = (AudioClip) get(name);
    clip.stop();
  }

  public void loop(String name) {
    AudioClip clip = (AudioClip) get(name);
    clip.loop();
  }

  public void clear() {
    Enumeration enum = keys();
    while(enum.hasMoreElements()) {
      String name = (String) enum.nextElement();
      AudioClip clip = (AudioClip) get(name);
      clip.stop();
    }
    super.clear();
  }

}
```

5.4 Einzelne Buchstaben anzeigen

Um im Spielcasino ab und zu Nachrichten anzuzeigen, zum Beispiel wenn der Spieler wieder mal einen Bonuspunkt erhalten hat, benötigen wir ein Alphabet. Leider sind bei Schriften einige Lizenzvorschriften zu beachten, sodass sie nicht auf allen Betriebssystemen zur Verfügung stehen. Um später keine Überraschungen bei nicht vorhandenen Schriften zu erleben, stellen wir uns ein eigenes Alphabet zusammen. Die Buchstaben, Ziffern und Sonderzeichen sind in der Datei *Alphabet.gif*.

`0123456789ABCDEFGHIJKLMNOPQRSTUVWXYZÄÖÜ .:*$-_`

Bild 5.44:
Buchstaben, Ziffern und Sonderzeichen

Der Unicode ist ein umfangreiches System für Zeichen, die in den heutigen Weltsprachen vorkommen. Java unterstützt den Unicode vollständig über den primitiven Datentyp `char`. Es handelt sich um einen ganzzahligen Typ, der Werte von `0` bis `65535` annehmen kann. Im Unicode mit der Version 2.1 gibt es `38887` Zeichen, sodass auch noch die Außerirdischen in Java programmieren können.

Um ein Zeichen zu erhalten, schließen wir es in zwei einfache Hochkommas ein. Natürlich können wir in den Unicode-Tabellen auch den zugehörigen Zahlencode nachschlagen, was aber äußerst unpraktisch ist. Mit der Anweisung

```
char c = '$';
```

haben wir die Variable `c` des Typs `char` mit dem Dollar-Zeichen eingeführt.

Um auf ein Zeichen aus unserer Bildersammlung zuzugreifen, entwickeln wir die Klasse `Alphabet`.

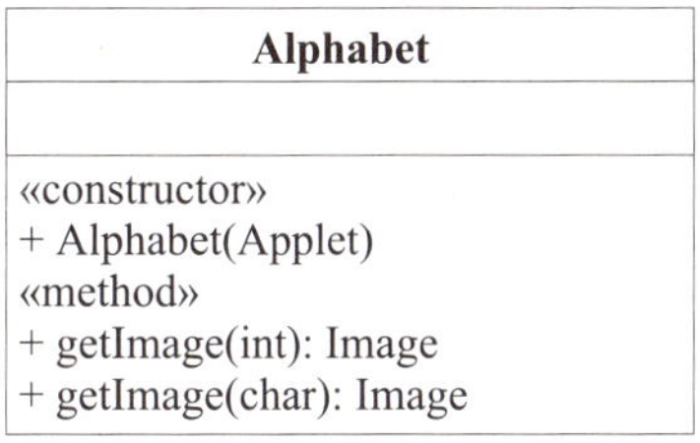

Alphabet
«constructor» + Alphabet(Applet) «method» + getImage(int): Image + getImage(char): Image

Bild 5.45:
UML-Diagramm von `Alphabet`

Der Konstruktor benötigt ein Applet als Argument, weil wir innerhalb der Klasse mit einem `ImageLoader` zum Laden des Bildes *Alphabet.gif* arbeiten.

Die Methode `getImage` liefert einen Ausschnitt der Bildersammlung mit dem übergebenen Zeichen. Wenn wir zum Beispiel die

Zahl 0 des Typs int als Argument übergeben, rufen wir die erste Version von getImage auf. Beim Argument '0' des Typs char landen wir bei der zweiten Version.

Zwei Methoden, die den gleichen Bezeichner, aber eine unterschiedliche Liste mit Argumenten haben, bezeichnen wir fachlich als überladen. Auch Konstruktoren sind überladbar, sodass verschiedene Versionen in einer Klasse nebeneinander existieren können. Der Rückgabetyp einer Methode spielt beim Überladen keine Rolle.

In der Klasse Alphabet starten wir mit dem Feld letters. In diese Aufstellung kommen die einzelnen Bilder der Sammlung.

```
private Image[] letters;
```

Im Konstruktor laden wir das Bild *Alphabet.gif* und schneiden die Sammlung auseinander. Das Bild mit der Ziffer 0 erhalten wir zum Beispiel mit letters[0].

```
public Alphabet(Applet applet) {
  ImageLoader loader = new ImageLoader(applet);
  loader.loadImage("Alphabet.gif");
  letters = new Image[46];
  for (int i = 0; i < 46; i++) {
    letters[i] = loader.getImage(0 + i * 16, 0, 16, 22);
  }
}
```

Wenn wir der Methode getImage eine Zahl i von 0 bis 9 übergeben, müssen wir nur letters[i] zurückgeben.

```
public Image getImage(int i) {
  return letters[i];
}
```

Bei einem Zeichen müssen wir mit der Methode getIdentity erst noch die Platznummer des zugehörigen Bildes bestimmen.

```
public Image getImage(char c) {
  return letters[getIdentity(c)];
}
```

Weil 46 Zeichen vorkommen, nutzen wir eine mehrstufige if-else Anweisung mit der allgemeinen Form

```
if (<1. boolean Ausdruck>) {
  <Anweisungen>
} else if (<2. boolean Ausdruck>) {
  <Anweisungen>
} else {
  <Anweisungen>
}
```

Wenn die erste Bedingung den Wert true ergibt, werden die Anweisungen im if-Körper ausgeführt. Andernfalls entscheidet die zweite Bedingung darüber, ob die Anweisungen im else-if Körper oder im else Körper ausgeführt werden.

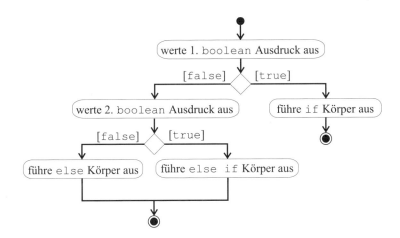

Bild 5.46: Flussdiagramm für die mehrstufige if-else Anweisung

Natürlich ist es möglich, noch weitere else-if Klauseln zu dieser Struktur hinzuzufügen. In der Methode getIdentity testen wir nacheinander, ob das übergebene Zeichen gleich '0', '1', ..., '-' und '_' ist.

```
private int getIdentity(char c) {
  int i;
  if (c == '0') {
    i = 0;
  } else if (c == '1') {
    i = 1;
  } else if (c == '2') {
    i = 2;
```

```
   <Fälle '3' bis '*'>
   } else if (c == '$') {
     i = 43;
   } else if (c == '-') {
     i = 44;
   } else { // c == '_'
     i = 45;
   }
   return i;
}
```

Sobald wir bei einem Vergleich erfolgreich sind, haben wir die Platznummer des Bildes gefunden, die am Ende der Methode zurückgegeben wird.

Bei der letzten else Klausel steht ein einzeiliger Kommentar, der durch zwei Slashs // eingeleitet wird. Sobald der Compiler auf diese beiden Zeichen stößt, überliest er den Rest der Zeile. In unserem Beispiel machen wir durch den Kommentar darauf aufmerksam, dass es sich beim letzten Fall um einen Unterstrich handelt.

Um die Klasse Alphabet zu testen, führen wir die Anweisungen

```
Alphabet alpha = new Alphabet(this);
g.drawImage(alpha.getImage('A'), 0, 0, this);
g.drawImage(alpha.getImage(1), 0, 22, this);
```

in einem Arbeitsblatt für ein AWT-Applet aus. Wir rufen beide Versionen der Methode getImage auf. Auf dem Bildschirm erscheinen nun der Buchstabe A und die Ziffer 1.

Bild 5.47:
Ein Buchstabe und eine Ziffer

Das komplette Arbeitsblatt befindet sich in der Datei *Alphabet.ws*.

5.5 Übungsaufgabe

Entwickeln Sie die Klasse `Display`, die einen Satz in einzelne Buchstaben zerlegt und die zugehörigen Bilder mit Hilfe der Klasse `Alphabet` auf eine Grafik malt.

Display
«constructor»   + Display(Applet, Graphics)   «method»   + sketch(int, int, String)

Bild 5.48: UML-Diagramm von `Display`

Der Konstruktor benötigt ein Applet für das Alphabet und eine Grafik. Die Methode `sketch` verlangt die x- und die y-Koordinate der linken oberen Ecke des ersten Bildes und einen Satz.

Um die einzelnen Zeichen des Satzes zu ermitteln, ist eine `for` Anweisung sinnvoll. Die Anzahl der Zeichen erhalten Sie mit der Methode `length` in der Klasse `String`. Die Methode `charAt` liefert das Zeichen an einer bestimmten Stelle des Satzes. Hierbei ist zu beachten, dass das erste Zeichen den Index 0 hat.

String
«method»   + length(): int   + charAt(int): char

Bild 5.49: UML-Diagramm von `String`

Testen Sie die Klasse `Display` in einem Arbeitsblatt.

Bild 5.50: Eine Begrüßung anzeigen

Die Lösung dieser Aufgabe befindet sich in der Datei `Display.ws`.

5.6 Verschiedene Zähler bereitstellen

Für das Spielcasino benötigen wir einige Zähler. An der Kasse sieht der Spieler sein aktuelles Guthaben (BALANCE). Nun kann er sich entscheiden, ob er mit ¢25, $1, $2, $5, $10 oder $20 spielt. Mit den Schaltflächen + oder – wird der Spielmodus erhöht oder erniedrigt. Anschließend werden Münzen in den Slot eingeworfen. Daneben befindet sich ein Zähler, der anzeigt, wieviel Geld sich zurzeit im Slot befindet. Erst wenn mindestens der Stand des Spielmodus erreicht ist, kann die Anzahl der Spiele (CREDIT) angehoben werden.

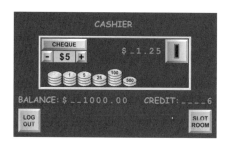

Bild 5.51:
Zähler für SLOT,
BALANCE und CREDIT

Beim Einwurf von $31,25 und dem Spielmodus $5 haben wir 6 Kredit (6 x $5 = $30) und ein Restguthaben von $1,25. Wenn wir noch $3.75 einwerfen, erhalten wir einen weiteren Kredit.

Jede Slotmaschine zeigt vier Zähler an.

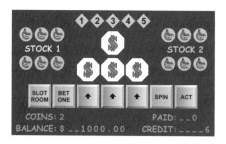

Bild 5.52:
Zähler für COINS, PAID,
BALANCE und CREDIT

Über die Schaltfläche BET ONE wird die Anzahl der gesetzten Münzen (COINS) eingestellt. Beim Spielmodus $5 und zwei gesetzten Münzen spielen wir also um $10. Der maximale Spielmodus $20 und die maximale Münzanzahl 3 führt zum maximalen Einsatz von $60 pro Spiel.

Auch die Anzahl der ausgezahlten Münzen (PAID) bei einem Gewinn wird von einem Zähler angezeigt. Die beiden anderen Zähler haben wir bereits bei der Kasse kennen gelernt.

5.6.1 Eine abstrakte Klasse entwickeln

Für die Zähler benötigen wir die Klassen `SlotCounter`, `BalanceCounter`, `CreditCounter`, `CoinsCounter` und `PaidCounter`. Es gibt aber nur geringe Unterschiede zwischen den einzelnen Zählern.

- Wieviele Stellen hat der Zähler? (CREDIT hat 5 Stellen.)
- Handelt es sich um einen ganzzahligen Zähler oder um einen Zähler mit Dezimalpunkt und Dollar-Zeichen? (PAID ist ganzzahlig, BALANCE hat einen Dezimalpunkt und ein Dollar-Zeichen.)
- Befindet sich ein Schild vor dem Zähler? (Beim `CreditCounter` gibt es das Schild CREDIT, der `SlotCounter` hat kein Schild.)

Es lohnt sich also, die Eigenschaften, die für alle Zähler eine Rolle spielen, in einer gemeinsamen Oberklasse zusammenzustellen.

Counter
+ <u>INTEGER</u>: int
+ <u>DECIMAL</u>: int
- type: int
- digits: int
x: int
y: int
applet: Applet
g: Graphics
- <u>letters</u>: Image
«constructor»
+ Counter(int, int, int, int, Applet, Graphics)
«method»
+ *delete()*
+ move(int, int)
+ sketch(int)

Bild 5.53:
UML-Diagramm
von `Counter`

Der Bezeichner der Klasse `Counter` ist kursiv gedruckt, sodass sie abstrakt ist. In die Klassendeklaration schreiben wir daher das Schlüsselwort `abstract` hinein.

```
public abstract class Counter {
  <Felder, Konstruktoren, Methoden>
}
```

Abstrakte Klassen enthalten abstrakte Methoden, die keinen Rumpf haben und somit noch nicht vollständig implementiert sind. Weil der Bezeichner der Methode `delete` kursiv ist, liegt eine abstrakte Methode vor. Sie hat den Zweck, den Zähler mit der Hintergrundfarbe des Casinos zu übermalen. Weil die fünf Zähler eine individuelle Größe haben, kennen wir die Anweisungen im Rumpf von `delete` noch nicht.

Auch in der Deklaration einer abstrakten Methode taucht das Schlüsselwort `abstract` auf. Weil der Rumpf mit den Anweisungen fehlt, fügen wir am Ende ein Semikolon hinzu.

```
public abstract void delete();
```

In den Unterklassen von `Counter` überschreiben wir die Methode `delete` durch eine neue Version, die nicht mehr abstrakt ist.

Wie wir später sehen, können wir die Anweisungen in den Methoden `move` und `sketch` bereits in der abstrakten Klasse `Counter` implementieren, sodass diese Methoden nicht abstrakt sind.

Weil eine abstrakte Klasse noch nicht vollständig ist, macht es keinen Sinn, eine Instanz dieser Klasse zu erschaffen. Der Compiler achtet darauf und gibt entsprechende Fehlermeldungen aus. Trotzdem dürfen wir einen Konstruktor in eine abstrakte Klasse hineinschreiben, um ihre Felder zu initialisieren.

Private Felder, vor denen ein Minus-Zeichen steht, werden nicht an Unterklassen vererbt. Auf öffentliche Felder mit einem Plus-Zeichen darf jeder ohne Einschränkungen zugreifen. Vor geschützte Felder kommt das Sharp-Zeichen #. Sie sind nicht öffentlich, werden aber an Unterklassen vererbt. Zum Malen ihres

Schildes benötigen die Unterklassen von `Counter` die Felder x, y, applet und g, sodass sie geschützt werden.

Feld	Bedeutung
`INTEGER`	Konstante, um einen ganzzahligen Zähler zu kennzeichnen
`DECIMAL`	Konstante, um einen Zähler mit Dezimalpunkt zu kennzeichnen
`type`	der Typ des Zählers, also `INTEGER` oder `DECIMAL`
`digits`	die Anzahl der Stellen des Zählers; bei einem Zähler des Typs `DECIMAL` handelt es sich um die Anzahl der Stellen vor dem Dezimalpunkt
`x`	die x-Koordinate des Bildes mit der letzten Ziffer
`y`	die y-Koordinate des Bildes mit der letzten Ziffer
`applet`	ein Applet für das Alphabet
`g`	eine Grafik zur Ausgabe des Zählerstandes
`letters`	Eine Aufstellung mit den möglichen Zeichen des Zählers (0, 1, 2, 3, 4, 5, 6, 7, 8, 9, ., $, _)

Tabelle 5.7: Felder in `Counter`

Bei den Felddeklarationen achten wir auf einige Besonderheiten.

```
public static final int INTEGER = 0;
public static final int DECIMAL = 1;
private int type;
private int digits;
protected int x;
protected int y;
protected Applet applet;
protected Graphics g;
private static Image[] letters;
```

☐ Anstelle von `private` oder `public` steht bei den geschützten Feldern das Schlüsselwort `protected`.

☐ Die Bilder mit den Ziffern und Sonderzeichen sind für alle Zähler gleich. Es ist nicht sinnvoll, dass alle fünf Zähler später ihre eigene Aufstellung mit sich herumschleppen. Daher machen wir das Feld `letters` statisch, indem wir das Schlüsselwort `static` in seine Deklaration schreiben.

☐ Die Felder `INTEGER` und `DECIMAL` kennzeichnen die möglichen Typen für einen Zähler. Weil sie für alle Klassen gleich sind, finden wir wieder das Schlüsselwort `static`. Dahinter steht allerdings noch `final`. Einem endgültigen Feld dürfen wir nur ein einziges Mal einen Wert zuweisen. Daher sind `INTEGER` und `DECIMAL` Konstanten. Mit dem Ausdruck `type == DECIMAL` können wir nun leicht überprüfen, ob ein Zähler einen Dezimalpunkt enthält.

Im Konstruktor reichen wir die übergebenen Werte an die zugehörigen Felder weiter. Nur wenn die Aufstellung `letters` noch keinen Wert, also den Wert `null` hat, laden wir 10 Ziffern und 3 Sonderzeichen mit Hilfe der Klasse `Alphabet`.

```
public Counter(int type, int digits, int x, int y,
    Applet applet, Graphics g) {
  this.type = type;
  this.digits = digits;
  this.x = x;
  this.y = y;
  this.applet = applet;
  this.g = g;
  if (letters == null) {
    Alphabet alphabet = new Alphabet(applet);
    letters = new Image[13];
    for (int i = 0; i < 10; i++) {
      letters[i] = alphabet.getImage(i);
    }
    letters[10] = alphabet.getImage('.');
    letters[11] = alphabet.getImage('$');
    letters[12] = alphabet.getImage('_');
  }
}
```

Bei Bonusspielen verschieben sich die Zähler an andere Stellen, weil sich die grafische Oberfläche der Slots ändert. Die Methode `move` überpinselt den ursprünglichen Bereich und verschiebt die Koordinaten.

```
public void move(int x, int y) {
  delete();
  this.x = x;
  this.y = y;
}
```

5.6.2 Zahlen aus Zeichenketten lesen

Mit der Methode `sketch` geben wir den Zählerstand aus. Hier müssen wir unterscheiden, ob der Zähler einen Dezimalpunkt enthält oder nicht.

- Bei einem Zähler ohne Dezimalpunkt ermitteln wir die Ziffern des Zählerstands und zeigen sie von hinten nach vorne auf dem Bildschirm an. Die Koordinaten x und y kennzeichnen den Ort der linken oberen Ecke des Bildes mit der letzten Ziffer.
- Taucht ein Dezimalpunkt auf, müssen wir den Zählerstand vor der Ausgabe noch mit 25 multiplizieren, weil 1 Münze einen Wert von ¢25 hat.

Um aus einer Ganzzahl des Typs `int` eine Zeichenkette zu machen, verwenden wir die Klasse `Integer` im Paket `java.lang`.

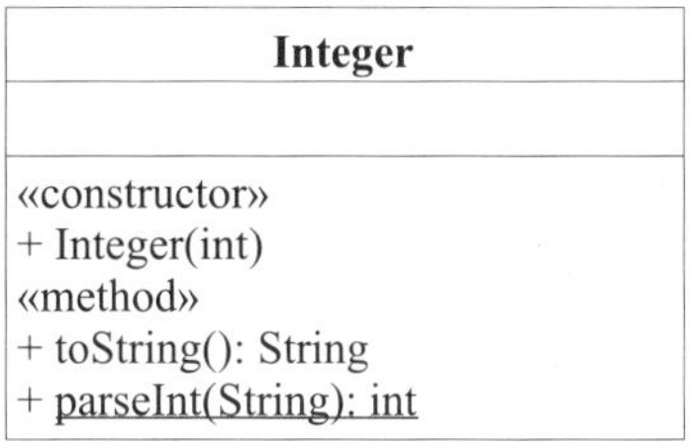

Integer
«constructor»   + Integer(int)   «method»   + toString(): String   + parseInt(String): int

Bild 5.54: UML-Diagramm von Integer

Zunächst erschaffen wir ein Objekt des Typs `Integer`, das den Zählerstand kapselt, und machen daraus eine Zeichenkette.

```
String s = new Integer(counter).toString();
```

Das Zeichen an der Stelle i in der Zeichenkette s erhalten wir mit dem Ausdruck `s.charAt(i)`. Mit der Klasse `Character` im Paket `java.lang` wandeln wir dieses Zeichen in eine Zeichenkette um.

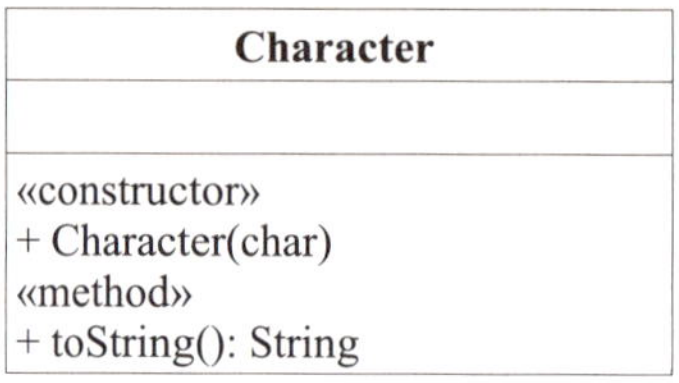

Bild 5.55:
UML-Diagramm
von Character

Character
«constructor» + Character(char) «method» + toString(): String

Die statische Methode `parseInt` hilft uns, aus der Zeichenkette mit einer Ziffer die Ganzzahl zurückzugewinnen. Der Ausdruck

```
Integer.parseInt(new Character(s.charAt(i)).toString())
```

liefert uns somit die Zahl an der Stelle `i` im Zählerstand. Auf der Grafik `g` geben wir nun die einzelnen Ziffern von rechts nach links aus. Daher finden wir in der `for` Anweisung nicht das Update `i++`, sondern `i--`, und die Zählvariable `i` startet bei `length - 1`, also auf der rechten Seite des Zählerstands.

```
public void sketch(int counter) {
  g.setColor(new Color(0, 64, 128));
  if (type == INTEGER) {
    String s = new Integer(counter).toString();
    int length = s.length();
    int index = 1;
    for (int i = length - 1; i >= 0; i--) {
      g.drawImage(letters[Integer.parseInt(
          new Character(s.charAt(i)).toString())],
          x - (index - 1) * 16, y, applet);
      index++;
    }
    for (int i = 0; i < digits - length; i++) {
      g.drawImage(letters[12], x - (index - 1) * 16, y,
          applet);
      index++;
    }
  } else {
    <Fall DECIMAL>
  }
}
```

Beim Typ `DECIMAL` ist auf den Faktor 25, den Dezimalpunkt und das Dollarzeichen zu achten. Sie finden den kompletten Quellcode in der Datei *Counter.java* und können ihn dort studieren.

5.6.3 Abstrakte Methoden überschreiben

Als Beispiel für eine Unterklasse von `Counter` sehen wir uns den `BalanceCounter` an, der einen Dezimalpunkt enthält und vor diesem Punkt 6 Ziffern hat.

Im Konstruktor rufen wir den Superkonstruktor von `Counter` mit den passenden Argumenten auf.

```
import java.applet.*;
import java.awt.*;
public class BalanceCounter extends Counter {
  private Image plate;
  public BalanceCounter(int x, int y, Applet applet,
      Graphics g) {
    super(Counter.DECIMAL, 6, x, y, applet, g);
    ImageLoader loader = new ImageLoader(applet);
    loader.loadImage("Plate.gif");
    plate = loader.getImage(0, 0, 101, 22);
  }
  public void sketch(int counter) {
    g.drawImage(plate, x - 255, y, applet);
    super.sketch(counter);
  }
  public void delete() {
    g.setColor(new Color(0, 64, 128));
    g.fillRect(x - 255, y, 271, 22);
  }
}
```

Die Methode `sketch` überschreiben wir durch eine Version, die noch die Anweisung zur Ausgabe des Schildes BALANCE enthält. Mit dem Täter `super` rufen wir zuletzt die ursprüngliche Version auf.

Die abstrakte Methode `delete` ist nun vollständig implementiert. Die x-Koordinate der linken oberen Ecke des blau gefüllten Rechtecks erhalten wir aus der x-Koordinate der letzten Ziffer, die um 255 (8 Ziffern vor der letzten Ziffer inklusive Dezimalpunkt * 16 Pixel + 5 Pixel Platz + 16 Pixel Dollar-Zeichen + 5 Pixel Platz + 101 Pixel Schildbreite) vermindert wird. Die Breite des Rechtecks ist 271 (255 Pixel + 16 Pixel für die letzte Ziffer).

Entsprechend fahren wir mit den Klassen `SlotCounter`, `CreditCounter`, `CoinsCounter` und `PaidCounter` fort. Im Arbeitsblatt *Cashier.ws* testen wir die Zähler bei der Kasse.

```
SlotCounter slot = new SlotCounter(349, 81, this, g);
slot.sketch(5);
BalanceCounter balance = new BalanceCounter(267, 200,
    this, g);
balance.sketch(4000);
CreditCounter credit = new CreditCounter(475, 200, this, g);
credit.sketch(6);
```

Um zu sehen, wo die Bilder landen, wird auf den dunkelblauen Hintergrund verzichtet.

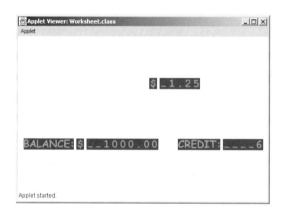

Bild 5.56:
Die Zähler bei der Kasse

Mit den Anweisungen

```
CoinsCounter coins = new CoinsCounter(118, 245, this, g);
coins.sketch(2);
PaidCounter paid = new PaidCounter(443, 245, this, g);
paid.sketch(0);
BalanceCounter balance = new BalanceCounter(267, 273, this,
    g);
balance.sketch(4000);
CreditCounter credit = new CreditCounter(475, 273, this, g);
credit.sketch(6);
```

im Arbeitsblatt *Slot.ws* zeigen wir die Zähler bei einem Slot an.

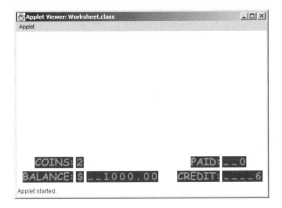

Bild 5.57:
Die Zähler bei einem Slot

Zum Abschluss sei noch eine Bemerkung zur Vererbung gemacht. In der Welt der Lebewesen herrscht die Vorstellung, dass Erbinformationen weitergegeben werden. Das ist in Java nicht der Fall. Vererbte Mitglieder rutschen nicht in die Unterklassen hinein. Wenn der Compiler etwas vermisst, sieht er in der Oberklasse nach, ob er es dort findet.

Um das nachzuvollziehen, schreiben wir in den Konstruktor der Klasse Counter eine Begrüßung hinein.

```
if (letters == null) {
  System.out.print("Hallo");
  <Anweisungen>
}
```

Wenn jeder Zähler das Feld letters erben würde, müssten wir beim Ausführen von Slot.ws viermal begrüßt werden. Das ist aber nicht der Fall.

Doch welche Bedeutung hätte der Zusatz static bei einem Durchrutschen der Mitglieder noch? Wenn wir mehrere Instanzen der Klasse SlotCounter erschaffen würden, würden wir nur eine Begrüßung erleben. Das Feld letters wäre also für alle Instanzen eines bestimmten Zählertyps initialisiert.

Weil keine Mitglieder in die Unterklassen gelangen, ist das Feld letters für alle Objekte der Typen BalanceCounter, CreditCounter, SlotCounter, PaidCounter und CoinsCounter gleich.

6 Applets und Applikationen unterscheiden

In Java unterscheiden wir zwei Typen von Programmen. Applets sind auf einer Webseite eingebettet und unterliegen Einschränkungen zur Wahrung der Sicherheit des Betriebssystems. Applikationen laufen außerhalb eines Browsers ab und werden von einer Eingabeaufforderung aus gestartet. Sie dürfen auf alle Systemressourcen zugreifen. In diesem Kapitel sehen wir uns an, was wir beim Quellcode des Spielcasinos beachten müssen, um es als Applet oder als Applikation einzusetzen.

6.1 Das Casino als Applet gestalten

Die fertige Software mit dem Spielcasino können wir zum Download im Internet anbieten. Viele Benutzer sind aber skeptisch, was die Installation fremder Programme auf dem eigenen Rechner angeht. Niemand außer dem Entwickler des Programms kann mit Sicherheit sagen, ob das Casino neben den Slots nicht auch einige Tools enthält, um persönliche Informationen, zum Beispiel die installierten Programme, auszuspähen.

Daher ist es sinnvoll, das Casino als Applet zu entwickeln. Applets laufen auf einer Webseite ab, sodass nichts auf dem lokalen Rechner des Besuchers installiert werden muss. Der Browser sorgt dafür, dass alle notwendigen Dateien geladen und beim Weitersurfen wieder entfernt werden. Außerdem achtet er darauf, dass das Applet keine verbotenen Aktionen ausführt. Zum Beispiel ist der Zugriff auf die Festplatte verboten und es dürfen nur Informationen mit dem Rechner ausgetauscht werden, von dem der Bytecode des Applets stammt.

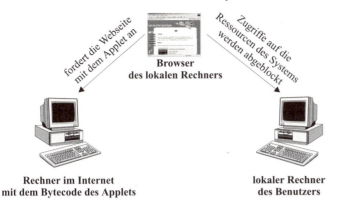

Bild 6.1:
Der Sandkasten des Browsers

6.1.1 Eine Webseite erstellen

Der Bytecode des Spielcasinos befindet sich nach dem Kompilieren in der Datei *Casino.class*. Auf der Webseite *Casino.html* betten wir diesen Bytecode ein.

```
<HTML>
<HEAD>
  <TITLE>Slot Casino</TITLE>
</HEAD>
<BODY bgcolor="F6F6F6">
  <APPLET code="Casino.class" width="500" height="300">
    <PARAM name="sound" value="on">
  </APPLET>
</BODY>
</HTML>
```

Webseiten werden mit einem Texteditor erstellt und mit der Erweiterung *.html* gespeichert. Wichtig sind die drei Zeilen

```
<APPLET code="Casino.class" width="500" height="300">
  <PARAM name="sound" value="on">
</APPLET>
```

zur Einbettung des Applets.

HTML (Hypertext Markup Language) ist eine Sprache zur Beschreibung von Webseiten im Internet. Indem wir Etiketten in den Text einstreuen, die fachlich als Tags bezeichnet werden, kennzeichnen wir spezielle Bereiche. Es gibt einleitende und abschließende Markierungen.

Tabelle 6.1: Wichtige HTML-Tags

Tags	Bedeutung
`<HTML>`, `</HTML>`	steht am Anfang / Ende einer Webseite
`<HEAD>`, `</HEAD>`	kennzeichnet Anfang / Ende des Kopfes
`<BODY>`, `</BODY>`	kennzeichnet Anfang / Ende des Rumpfes
`<TITLE>`, `</TITLE>`	zwischen diesen Tags steht der Titel der Webseite, der in der Titelleiste des Browsers erscheint
`<APPLET>`, `</APPLET>`	ein Applet wird eingebettet

In die einleitenden Tags dürfen Attribute hineingeschrieben werden. Das Attribut `bgcolor="F6F6F6"` in `<BODY>` sorgt zum Beispiel dafür, dass die Webseite leicht grau gefärbt wird. Auch für Applets gibt es Attribute.

Tabelle 6.2: Wichtige Attribute für Applets

Attribut	Bedeutung
`code`	die Datei mit dem Bytecode
`width`	die Breite der grafischen Oberfläche
`height`	die Höhe der grafischen Oberfläche

Auf der Webseite des Spielcasinos verwenden wir die Attribute `code="Casino.class"`, `width="500"` und `height="300"`. Wichtig ist, dass die Datei *Casino.class* im Ordner der Webseite liegt, sonst müssen wir noch das Attribut `codebase` angeben.

Zwischen den `Applet`-Tags dürfen noch Parameter stehen. Hierfür gibt es nur das einleitende Tag `<PARAM>`. Als Attribute tragen wir den Namen des Parameters und einen Wert ein. Durch

```
<PARAM name="sound" value="on">
```

richten wir den Parameter sound mit dem Wert on ein. Das Applet kann diesen Parameter einlesen und weiß nun, ob es Sound abspielen soll oder nicht. Wenn der Spieler auf Sound verzichtet, sind die Zeiten beim Download nicht so üppig.

6.1.2 Einen Parameter im Notizbuch eintragen

Im Spielcasino arbeiten wir mit zahlreichen Variablen zur Verwaltung der Daten des gegenwärtigen Spielers, zum Beispiel balance, coins, credit, username und password. Um nicht den Überblick zu verlieren, tragen wir alle Werte in ein Notizbuch ein.

Wir starten mit der Variablen audio des Typs boolean, um zu kontrollieren, ob Sound abgespielt werden soll oder nicht. Später werden weitere Felder hinzukommen.

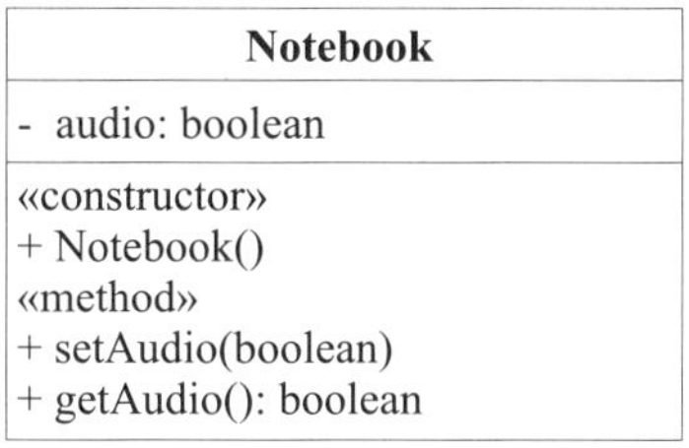

Notebook
- audio: boolean
«constructor» + Notebook() «method» + setAudio(boolean) + getAudio(): boolean

Bild 6.2:
UML-Diagramm
von Notebook

Mit den set und get Methoden fragen wir den Wert des zugehörigen privaten Feldes im Notebook ab oder ordnen diesem einen neuen Wert zu.

```
public class Notebook {
  private boolean audio;
  public void setAudio(boolean audio) {
    this.audio = audio;
  }
  public boolean getAudio() {
    return audio;
  }
}
```

Mit der Methode `getParameter` in der Klasse `Applet` fragen wir die Werte der Parameter auf der Webseite ab.

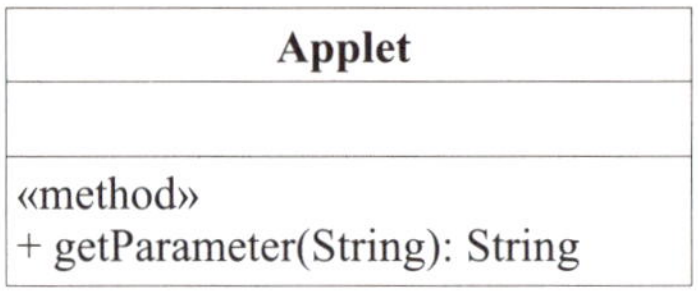

Bild 6.3: UML-Diagramm von `Applet`

Applet
«method» + getParameter(String): String

Mit den Anweisungen

```
notebook = new Notebook();
if (getParameter("sound").equals("on")) {
  notebook.setAudio(true);
}
```

erschaffen wir einen Notizblock, untersuchen den Wert des Parameters `sound` und initialisieren anschließend das Feld `audio`. Weil es standardmäßig den Wert `false` hat, müssen wir nur beim Wert `on` reagieren.

Mit der Methode `equals` in der Klasse `String` untersuchen wir, ob zwei Zeichenketten aus den gleichen Zeichen bestehen, wobei auf Groß- und Kleinschreibung streng geachtet wird.

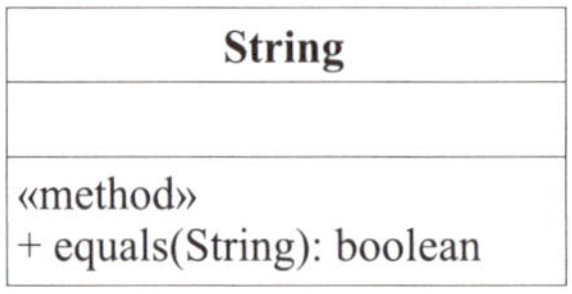

Bild 6.4: UML-Diagramm von `String`

String
«method» + equals(String): boolean

Der Ausdruck `"on".equals("on")` liefert `true`. Beim Ausdruck `"on".equals("ON")` erhalten wir jedoch `false`.

6.1.3 Der Lebenslauf eines Applets

Der Lebenslauf eines Applets wird vom Browser gestaltet, was wir uns am Beispiel des Spielcasinos ansehen. Zuerst erschafft er eine Instanz mit der Anweisung

```
Casino casino = new Casino();
```

Danach werden die Methoden `init` und `start` aufgerufen.

```
casino.init();
casino.start();
```

Die Methode `paint` sorgt für die Gestaltung der Grafik g eines Applets. Sie wird zum Beispiel ausgeführt, wenn es zum ersten Mal auf dem Bildschirm erscheint.

```
casino.paint(g);
```

Wenn der Benutzer die Webseite mit dem Casino verlässt, wird der Ablauf im Applet gestoppt und belegte Ressourcen mit der Methode `destroy` wieder freigegeben.

```
casino.stop();
casino.destroy();
```

Die Methoden `init`, `start`, `stop` und `destroy` haben in der Klasse `Applet` keine Anweisungen in ihren Rümpfen. Die Methode `paint` wird von der Klasse `Container` vererbt und sorgt dafür, dass die Grafik des Applets mit der gegenwärtigen Hintergrundfarbe vollständig überpinselt wird.

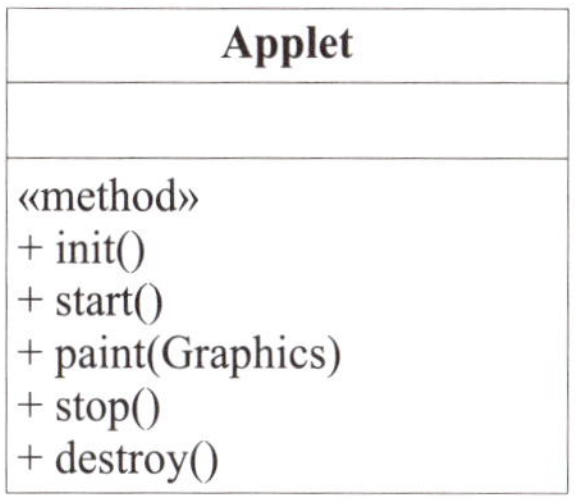

Applet
«method»   + init()   + start()   + paint(Graphics)   + stop()   + destroy()

Bild 6.5: UML-Diagramm von `Applet`

Um das Spielcasino als Applet zu gestalten, leiten wir die Klasse `Casino` von der Klasse `Applet` ab.

```
public class Casino extends Applet {
   <Felder und Methoden>
}
```

Bild 6.6:
UML-Diagramm
von Casino

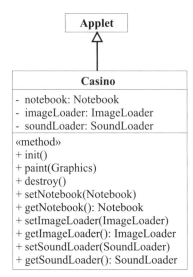

Als Felder führen wir ein Notizbuch, einen Bildlader und einen Klanglader ein.

```
private Notebook notebook;
private ImageLoader imageLoader;
private SoundLoader soundLoader;
```

Den Standardkonstruktor, der vom Browser zur Erschaffung einer Instanz benötigt wird, führt der Compiler automatisch ein.

Wir überschreiben die Methode init, um den Feldern vernünftige Werte zuzuweisen.

```
public void init() {
  notebook = new Notebook();
  if (getParameter("sound").equals("on")) {
    notebook.setAudio(true);
  }
  imageLoader = new ImageLoader(this);
  if (notebook.getAudio()) {
    soundLoader = new SoundLoader(this);
  }
}
```

Keine Konstruktoren in Applets einfügen

Wenn sich ein Konstruktor in einem Applet befindet, fügt der Compiler keinen Standardkonstruktor ein. Der Browser benötigt aber einen solchen Konstruktor, um eine Instanz des Applets zu erschaffen. Im Prinzip können wir einen Konstruktor ohne Argumente einfügen, in dessen Rumpf alle Anweisungen in der Methode init stehen, was aber unüblich ist.

Zur Bedeutung der Methoden start und stop kommen wir in Kapitel 7. In der Methode destroy stoppen wir alle Audioclips und entleeren den Klanglader.

```
public void destroy() {
   soundLoader.clear();
}
```

Damit die einzelnen Räume, deren Quellcode in anderen Klassen liegt, später mit den privaten Feldern des Casinos arbeiten können, fügen wir noch set und get Methoden ein. Beim Feld notebook handelt es sich zum Beispiel um die Methoden

```
public void setNotebook(Notebook notebook) {
   this.notebook = notebook;
}
public Notebook getNotebook() {
   return notebook;
}
```

In der Methode paint malen wir das Schloss mit seiner Umgebung aus Kapitel 4 auf die Grafik und spielen einen Sound ab.

```
public void paint(Graphics g) {
```

```
imageLoader.loadImage("Background.gif");
for (int i = 0; i < 25; i++) {
  g.drawImage(imageLoader.getImage(), i * 20, 0, this);
}
imageLoader.loadImage("Castle.gif");
g.drawImage(imageLoader.getImage(), 299, 61, this);
imageLoader.loadImage("Cliff.gif");
g.drawImage(imageLoader.getImage(), 259, 246, this);
if (notebook.getAudio()) {
  soundLoader.load(new String[] {"Devil.au"});
  soundLoader.loop("Devil.au");
}
}
```

Es ist nicht sinnvoll, Bilder und Klänge in der Methode `paint` zu laden. Wenn der Benutzer ein anderes Programmfenster über den Browser zieht, kommt es zu Überlappungen mit dem Casino, sodass die grafische Oberfläche ständig aufgefrischt wird. Daher lassen wir uns in Kapitel 8 etwas Anderes einfallen.

6.2 Das Casino einem Fenster zuordnen

Applets dürfen sich nur im Sandkasten eines Browsers austoben. Wenn wir Accounts für die Spieler einrichten wollen, um zum Beispiel Geldtransaktionen oder Bonuspunkte zu verwalten, stoßen wir daher auf ein Problem. Wegen der Sicherheitseinschränkungen ist es nicht möglich, das Casino als Applet von einer CD-ROM auf dem lokalen Rechner eines Spielers zu starten und anschließend einen fremden Rechner im Internet zu kontaktieren.

Für Spieler, die sich über lange Ladezeiten beim Besuchen der Webseite mit dem eingebetteten Casino ärgern, müssen wir unser Programm als Applikation zur Verfügung stellen. Es läuft dann in einem eigenen Fenster ab. Weil es beim Ausführen von Applikationen keinen Sandkasten gibt, dürfen Informationen mit fremden Rechnern ausgetauscht werden. Allerdings müssen die Benutzer den Entwicklern einer Applikation vertrauen, dass sie keine Einsicht in private Daten nehmen. Dies sollte übrigens für alle Programme gelten, die auf dem lokalen Rechner installiert sind.

6.2.1 Die Hauptmethode einführen

Applikationen werden von einer Eingabeaufforderung aus gestartet. Der Interpreter ruft die statische Methode `main` auf und übergibt ihr eine Aufstellung `list` des Typs `String[]` mit Parametern, die wir hinter dem Aufruf angeben.

```
Casino.main(list);
```

Damit der Interpreter auf die Hauptmethode zugreifen kann, muss sie öffentlich sein. Als Ergebnis wird kein Wert zurückgegeben, sodass wir das Schlüsselwort `void` finden. Als Bezeichner für die Aufstellung wird häufig `args` als Abkürzung für arguments gewählt. Die Deklaration der Hauptmethode ist somit

```
public static void main(String[] args)
```

Um das Casino auch als Applikation zu nutzen, fügen wir eine Hauptmethode ein, in der wir ein Fenster öffnen und das Applet als Komponente hineinlegen.

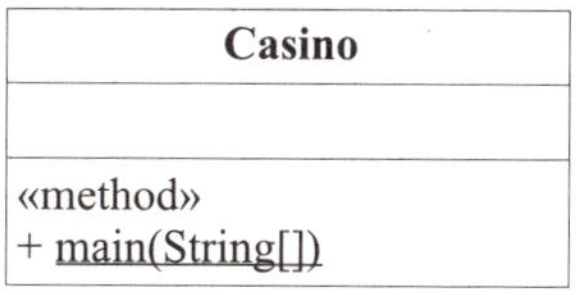

Casino
«method» + main(String[])

Bild 6.7:
UML-Diagramm
von `Casino`

6.2.2 Ein Fenster öffnen

Zur Gestaltung grafischer Oberflächen gibt es zwei Möglichkeiten. Das AWT (Abstract Window Toolkit) wird seit Java 1.0 ausgeliefert und stellt nur einige grundlegende Komponenten zur Verfügung. Eine Komponente ist ein Bestandteil einer grafischen Oberfläche, zum Beispiel eine Schaltfläche oder ein Fenster. Mit dem Swing-Paket, das in Java 1.2 neu hinzugekommen ist, lassen sich modernere Oberflächen zusammenstellen. Die Klassen im AWT und in Swing unterscheiden sich nur um ein vorangestelltes J. Mit der Klasse `Frame` im Paket `java.awt` erhalten wir ein Fenster im AWT-Stil. Die Klasse `JFrame` im Paket `javax.swing` ist für ein Fenster im Swing-Stil zuständig.

Das `Casino` haben wir von `Applet` abgeleitet, was eine AWT-Komponente ist. Die zugehörige Swing-Komponente ist `JApplet`. Weil der *Microsoft Internet Explorer 5* nur Java 1.1 unterstützt und die zugehörige Benutzergruppe einen großen Marktanteil hat, entwickeln wir das Casino als `Applet`, damit es ohne Probleme abläuft. Java 1.3 wird von *Netscape 6* und *Opera 5* bereits vollständig unterstützt. Beim Casino als Applikation müssen wir keine Rücksicht auf die Browser nehmen, sodass wir ein `JFrame` als Fenster verwenden.

Bild 6.8: UML-Diagramm von `JFrame`

JFrame
+ EXIT_ON_CLOSE: int
«constructor»   + JFrame(String)   «method»   + setDefaultCloseOperation(int)   + getContentPane(): Container   + pack()   + show()

Der Konstruktor übernimmt eine Zeichenkette, die in die Titelleiste des Fensters kommt.

Tabelle 6.3: Methoden in `JFrame`

Methode	Bedeutung
`setDefaultCloseOperation`	angeben, was passieren soll, wenn das Fenster geschlossen wird
`getContentPane`	den Container mit den Komponenten im Fenster ermitteln
`pack`	bei allen Komponenten im Fenster nachfragen, wie groß sie sein möchten, und danach die Größe des Fensters berechnen
`show`	das Fenster am Bildschirm anzeigen

Mit der Konstante `EXIT_ON_CLOSE` legen wir fest, dass die Applikation nach dem Schließen des Fensters beendet wird. Die Schnittstelle `WindowConstants` im Paket `javax.swing` stellt noch weitere Konstanten zur Verfügung.

In der Hauptmethode erschaffen wir ein Fenster mit SLOT CASINO als Titel und legen die Operation EXIT_ON_CLOSE fest. Das Fenster ist zunächst nicht sichtbar. Anschließend erschaffen wir ein Casino und initialisieren seine Felder mit Hilfe der set und get Methoden. Beim Starten der Applikation übergeben wir den Parameter on, der automatisch in die Aufstellung args gelangt. Mit args[0] kommen wir an den Parameter heran und erschaffen einen Klanglader, falls Sound erwünscht ist.

```
public static void main(String[] args) {
  JFrame frame = new JFrame("Slot Casino");
  frame.setDefaultCloseOperation(JFrame.EXIT_ON_CLOSE);
  Casino casino = new Casino();
  casino.setNotebook(new Notebook());
  if (args[0].equals("on")) {
    casino.getNotebook().setAudio(true);
  }
  casino.setImageLoader(new ImageLoader(casino));
  if (casino.getNotebook().getAudio()) {
    casino.setSoundLoader(new SoundLoader(casino));
  }
  Container container = frame.getContentPane();
  container.add(casino);
  frame.pack();
  frame.show();
}
```

Wichtig ist, dass wir auf das Feld notebook nicht direkt zugreifen können. Wenn wir an Stelle der Anweisung

`casino.setNotebook(new Notebook());`

die Zeile

`notebook = new Notebook();`

schreiben, erhalten wir eine Fehlermeldung.

Es ist verboten, aus statischen Methoden auf Mitglieder einer Klasse zuzugreifen, die nicht statisch sind. Das ist leicht einzusehen, weil wir zum Aufruf einer statischen Methode überhaupt keine Instanz, sondern nur den Klassennamen brauchen. Felder und Methoden, die nicht statisch sind, sind in statischen Methoden nicht sichtbar.

Um das Casino als Komponente in das Fenster zu legen, ermitteln wir seinen `Container` mit der Methode `getContentPane`. Mit der Methode `add` fügen wir eine Komponente einem Container hinzu.

Bild 6.9:
UML-Diagramm
von `Container`

Container
«method» + add(Component): Component

Beim Casino handelt es sich um ein Applet, das von der Klasse `Component` abgeleitet ist. Eigentlich müssen wir beim Hinzufügen von Komponenten angeben, an welche Stelle sie kommen sollen. Jeder Container wird durch ein Layout in einzelne Bereiche eingeteilt. Zu den verschiedenen Layouts kommen wir in Kapitel 11. Bei einem `JFrame` sorgt die Methode `add` dafür, dass die Komponente in den mittleren Bereich kommt, der sich bis zu den Rändern ausdehnt, wenn es keine weiteren Komponenten gibt.

Mit der Methode `pack` erhält das Fenster die richtige Größe, die von den Komponenten abhängt. Um es auf dem Bildschirm anzuzeigen, rufen wir zum Schluss noch die Methode `show` auf.

6.2.3 Die richtige Größe einstellen

Durch Überschreiben der Methode `getPreferredSize`, die von der Klasse `Container` vererbt wird, legen wir die bevorzugte Größe des Casinos fest. Die Methode `pack` benötigt diese Information, um die Größe des Fensters richtig auszurechnen.

```
public Dimension getPreferredSize() {
  return new Dimension(500, 300);
}
```

Die Breite und Höhe des Casinos kapseln wir in einer `Dimension`.

Bild 6.10:
UML-Diagramm
von `Dimension`

Dimension
«constructor» + Dimension(int, int)

6.2.4 Konflikte mit dem Kontext vermeiden

Ein Applet lebt auf einer Webseite in einem Browser. Um sich mit der Umgebung des Browsers zu verständigen, benötigt es einen Kontext. Wenn wir das Casino als Applikation starten, gibt es einen solchen Kontext nicht. Daher scheitern alle Methoden, die spezielle Eigenschaften des Browsers nutzen und in den Schnittstellen `AppletStub` und `AppletContext` im Paket `java.applet` zu finden sind. Im Casino nutzen wir drei dieser Methoden in den Klassen `ImageLoader` und `SoundLoader`.

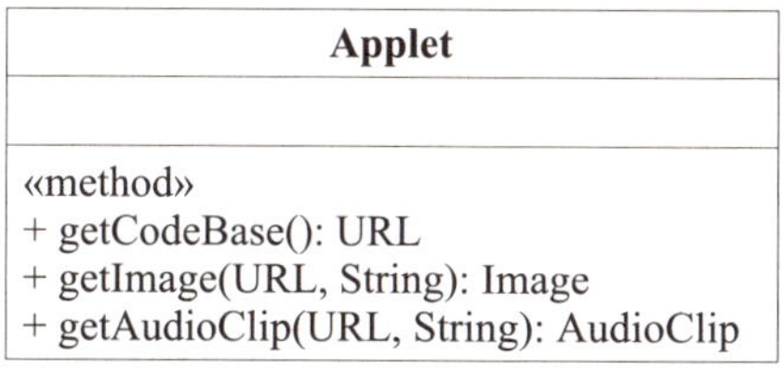

Applet
«method»   + getCodeBase(): URL   + getImage(URL, String): Image   + getAudioClip(URL, String): AudioClip

Bild 6.11: UML-Diagramm von `Applet`

Weil diese Methoden in Applikationen nicht funktionieren, überschreiben wir sie in der Klasse `Casino`.

In der Methode `getCodeBase` versuchen wir zunächst, die ursprüngliche Methode aufzurufen. Wenn ein Applet keinen `AppletContext` hat, entsteht beim Zugriff eine `NullPointerException`. Diese Ausnahme ist also ein Indiz dafür, ob das Casino als Applet oder Applikation gestartet wurde. Wenn es keinen Kontext gibt, liefert die Methode die Nullreferenz `null` als Ergebnis.

```
Public URL getCodeBase() {
  try {
    return super.getCodeBase();
  } catch (NullPointerException e) {
    return null;
  }
}
```

Die Methode `getCodeBase` taucht im Bildlader und im Klanglader als erstes Argument bei den Methoden `getImage` und `getAudioClip` auf. Wenn das Casino als Applet abläuft, liefert die Methode `getCodeBase` eine vernünftige `URL`. Nur bei einer Applikation wird die Nullreferenz übergeben. Daher führen wir abhängig von diesem Wert verschiedene Anweisungen aus.

```
Public Image getImage(URL url, String name) {
  if (url != null) {
    return super.getImage(url, name);
  } else {
    return Toolkit.getDefaultToolkit().getImage(
       getCurrentURL(name));
  }
}
```

Wenn `url` den Wert `null` hat, laden wir das Bild mithilfe der Eigenschaften der Klasse `Toolkit` im Paket `java.awt`.

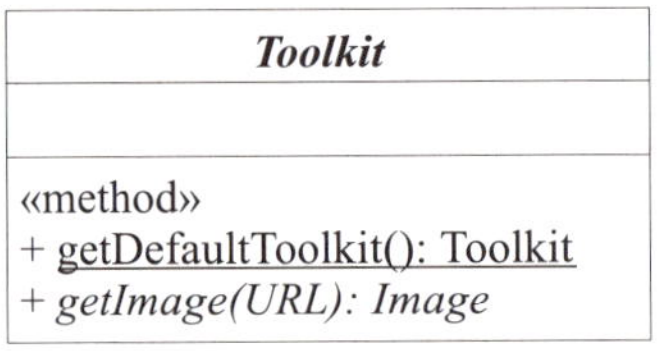

Bild 6.12:
UML-Diagramm
von `Toolkit`

Toolkit
«method» + <u>getDefaultToolkit(): Toolkit</u> + *getImage(URL): Image*

Tabelle 6.4:
Methoden in `Toolkit`

Methode	**Bedeutung**
getDefaultToolkit	ein standardmäßiges Toolkit ermitteln
getImage	ein Bild laden

Auch in der Methode `getAudioClip` rufen wir im Fall der Nullreferenz nicht die ursprüngliche Methode auf.

```
public AudioClip getAudioClip(URL url, String name) {
  if (url != null) {
    return super.getAudioClip(url, name);
  } else {
    return Applet.newAudioClip(getCurrentURL(name));
  }
}
```

Wir laden einen Clip mit der statischen Methode `newAudioClip`.

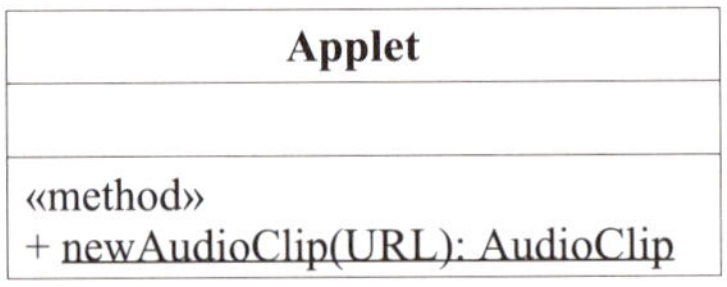

Bild 6.13:
UML-Diagramm
von `Applet`

Applet
«method» + <u>newAudioClip(URL): AudioClip</u>

> **Auf die erstmalige Einführung der Methoden achten**
>
> In der Java API Beschreibung finden Sie ab und zu Markierungen mit dem Text `since:` und einer Versionsnummer. Auf die Angabe einer Versionsnummer wird bei den Elementen verzichtet, die es schon seit der Version 1.0 gibt. Die Klasse `Toolkit` und die erwähnten Methoden gibt es seit der Version 1.0. Die Methode `newAudioClip` ist aber erst in der Version 1.2 neu eingeführt worden. Daher funktioniert sie im *Microsoft Internet Explorer 5* nicht.

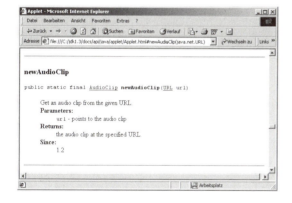

Bild 6.14:
Angabe der Versionsnummer

Sowohl bei `getImage` als auch bei `newAudioClip` bestimmen wir die `URL` des Bildes oder des Audioclips in der Datei `name` mit der privaten Methode `getCurrentURL`, wenn das Casino als Applikation gestartet wird.

```
private URL getCurrentURL(String name) {
  URL url = null;
  try {
```

```
    url = new URL("file:" + new File(".").getAbsolutePath()
        + File.separator + name);
} catch (MalformedURLException e) {
}
return url;
}
```

Die Klasse `URL` liegt im Paket `java.net`.

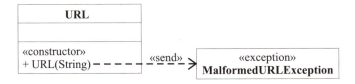

Bild 6.15:
UML-Diagramm von URL

Als Argument verlangt der Konstruktor die Adresse einer Datei im URL-Format. Bei Dateien auf dem lokalen Rechner setzt sie sich aus dem Protokoll `file:` und dem absoluten Pfad zusammen. Für Pfade nutzen wir die Klasse `File` im Paket `java.io`.

Bild 6.16:
UML-Diagramm von File

File
+ separator: String
«constructor»   + File(String)   «method»   + getAbsolutePath(): String

Die Zeichenkette "." kennzeichnet den Ordner, in dem wir das Casino starten. Seinen absoluten Pfad erhalten wir mit der Methode `getAbsolutePath`. Zwischen dem Ordnerpfad und dem Dateinamen wird noch das Trennzeichen `separator` eingefügt. Es hängt vom System ab, zum Beispiel \ unter Windows. Der Ausdruck

```
new File(".").getAbsolutePath() + File.separator + name
```

liefert also den kompletten Pfad zur Datei `name`. Hier kommt der Verknüpfungsoperator + zum Einsatz, mit dem wir mehrere Zeichenketten zu einer zusammensetzen.

6.3 Der Compiler, der Interpreter und der Applet Viewer

In Kapitel 5 haben wir bereits mit der Konsole im *JLauncher* gearbeitet, um fremde Prozesse auszuführen. Zum Abschluss dieses Kapitel wollen wir uns die Befehle ansehen, um das Casino zu kompilieren und als Applikation oder als Applet zu starten. Geben Sie diese Befehle im Textfeld der Konsole ein und starten Sie sie über die Schaltfläche AUSFÜHREN.

- ☑ Der Quellcode in der Datei *Casino.java* wird mit dem Befehl `javac Casino.java` kompiliert, wobei die Datei *Casino.class* mit Bytecode entsteht. Das Programm `javac` ist der Compiler.

- ☑ Mit dem Befehl `java Casino on` starten wir das Casino als Applikation. Der Interpreter `java` verlangt einen Klassennamen und optionale Parameter, die über die Aufstellung `args` in die Hauptmethode `main` gelangen. Übergeben wir `off` als Parameter, hören wir keinen Sound.

Bild 6.17:
Das Fenster der Applikation

- ☑ Mit dem Befehl `appletviewer Casino.html` starten wir den Applet Viewer. Er zeigt das Casino als Applet an. Die Webseite können wir uns natürlich auch mit einem Browser ansehen.

In den Dateien *Application.bat* und *Applet.bat* stehen die Befehle des Interpreters und Applet Viewers, damit ein Spieler etwas bequemer das Casino starten kann.

7 Programme durch Stränge zeitlich steuern

Um die einzelnen Abläufe im Casino auch zeitlich steuern zu können, bauen wir einen Strang ein. Weil die Klasse des Casinos bereits von Applet abgeleitet ist, implementieren wir eine geeignete Schnittstelle. Wie ein Strang über eine Schnittstelle abläuft, sehen wir uns in diesem Kapitel an. Danach wird auch klar, welche Bedeutung die Methoden zum Starten und Stoppen eines Applets haben.

7.1 Eine Schnittstelle implementieren

Ein Strang ist eine Kette von Anweisungen, deren Ablauf zeitlich gesteuert werden kann. In Programmen mit mehreren Strängen sprechen wir von Multithreading.

Es gibt zwei Möglichkeiten, einen Strang einzubauen. Entweder leiten wir das Programm von der Klasse `Thread` im Paket `java.lang` ab oder implementieren die Schnittstelle `Runnable`, die im gleichen Paket liegt. Weil das `Casino` bereits von `Applet` abgeleitet ist und Java keine Mehrfachvererbung unterstützt, weshalb hinter dem Schlüsselwort `extends` nur eine Klasse aufgeführt werden darf, implementieren wir die Schnittstelle `Runnable`.

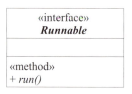

Bild 7.1: UML-Diagramm von `Runnable`

In Schnittstellen gibt es Felder, die automatisch durch die Schlüsselwörter `public`, `static` und `final` gekennzeichnet sind, sodass es sich um Konstanten handelt. Die Methoden einer Schnittstelle sind automatisch `public` und `abstract`, sodass sie noch keine

Anweisungen enthalten. Eine Schnittstelle in eine Klasse zu implementieren bedeutet, dass ihr Name hinter dem Schlüsselwort `implements` in der Klassendeklaration auftaucht und dass ihre abstrakten Methoden überschrieben und mit Anweisungen gefüllt werden. Zum Beispiel erweitern wir beim Implementieren der Schnittstelle `Runnable` ins Casino die Deklaration zu

```
public class Casino extends Applet implements Runnable
```

und überschreiben die abstrakte Methode `run` durch die Version

```
public void run() {
}
```

in die später Anweisungen kommen, die in einem separaten Strang ablaufen sollen.

7.2 Einen Strang starten und stoppen

Zunächst führen wir das Feld

```
private Thread game;
```

ein, um jederzeit auf den Spielstrang zugreifen zu können.

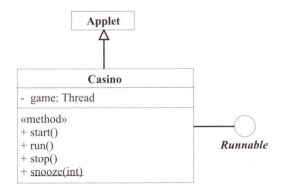

Bild 7.2:
UML-Diagramm
von `Casino`

In der Klasse `Applet` gibt es die Methoden `start` und `stop`. Wir überschreiben sie, um den Spielstrang zu starten und zu stoppen. Um mit Strängen zu arbeiten, nutzen wir die Klasse `Thread`.

Bild 7.3:
UML-Diagramm
von Thread

Thread
«constructor» + Thread(Runnable) «method» + start() + <u>currentThread(): Thread</u> + <u>sleep(long)</u>

Der Konstruktor benötigt ein Objekt, in dem die Schnittstelle Runnable implementiert ist.

Tabelle 7.1:
Methoden in Thread

Methode	Bedeutung
start	einen Strang starten, sodass die Methode run ausgeführt wird
currentThread	den gegenwärtig laufenden Strang ermitteln
sleep	eine Pause machen, deren Dauer in Millisekunden angegeben wird

Um mehrere Starts zu verhindern, prüfen wir in der Startmethode des Casinos zunächst, ob der Strang game schon initialisiert wurde. Mit der Referenz this erhält der Konstruktor von Thread das Casino als Objekt des Typs Runnable.

```
public void start() {
  if (game == null) {
    game = new Thread(this);
    game.start();
  }
}
```

Nach dem Start des Stranges game wird automatisch die Methode run ausgeführt.

```
public void run() {
  Thread current = Thread.currentThread();
  while (current == game) {
    snooze(20);
  }
}
```

Hier ermitteln wir zunächst den gegenwärtig laufenden Strang, wobei es sich um den Wert von game handelt, und weisen ihn der Variablen current zu. Solange die Werte von current und game übereinstimmen, macht das Casino ein Nickerchen.

Die Dauer der Pause liegt durch die übergebene Zahl fest. Bei der Zahl 20 schläft der Strang mindestens 1 Sekunde lang ein.

```
public static void snooze(int i) {
  try {
    Thread.sleep(i * 50);
  } catch (InterruptedException e) {
  }
}
```

In der Stopmethode des Applets weisen wir der Variablen game den Wert null zu. Bei der nächsten Überprüfung der Bedingung in der while Anweisung in der Methode run ergibt sich nun automatisch der Wert false, sodass der Strang beendet ist.

```
public void stop() {
  game = null;
}
```

In Kapitel 9 tritt an die Stelle des Nickerchens selbstverständlich der Spielverlauf, der beim Schloss mit dem Teufel beginnt. Vorher überarbeiten wir in Kapitel 8 aber noch die grafische Ausgabe.

Stränge können nicht explizit gestoppt werden

In der Klasse Thread gab es früher die Methode stop zum Stoppen von Strängen, die aber problematisch war und daher verworfen wurde. Bei verworfenen Methoden finden Sie in der Java API Beschreibung den Hinweis „deprecated".

8 Flackerei durch doppelte Pufferung vermeiden

Wenn die Lampen im Schloss flackern oder der Spielteufel erscheint, zeichnen wir Teile der Grafik des Casinos neu. Bevor die Änderungen auf dem Bildschirm erscheinen, werden die Bereiche automatisch mit der Hintergrundfarbe des Applets überpinselt. Weil zwischen dem Überpinseln und dem Neuzeichnen einer Komponente etwas Zeit vergehen kann, sehen wir manchmal graue Bereiche, die wir als Flackern der Grafik wahrnehmen. Um eine Flackerei von Bildteilen zu vermeiden, wird ein Puffer im Casino eingebaut.

8.1 Ein Bild als Puffer bereitstellen

Sehen Sie sich zunächst die Webseite *Flicker.html* an. Auf dem Applet bewegen sich ein paar farbige Streifen von links nach rechts. Ab und zu flackert es in einigen Bereichen.

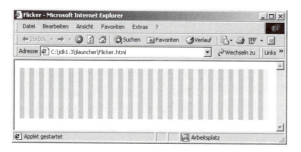

Bild 8.1:
Ein animiertes
Streifenmuster

Um eine Flackerei bei den Animationen im Casino zu vermeiden, führen wir ein Bild als Puffer und eine Grafik für dieses Bild ein.

```
private Image buffer;

private Graphics screen;
```

Casino
- buffer: Image - screen: Graphics
«method» + getBuffer(): Image + setBuffer(Image) + getScreen(): Graphics

Bild 8.2:
UML-Diagramm
von `Casino`

Um später mit den beiden Feldern arbeiten zu können, benötigen wir noch eine `set` und zwei `get` Methoden.

Component
«method» + createImage(int, int): Image

Bild 8.3:
UML-Diagramm
von `Component`

In der Methode `init` des Casinos erschaffen wir mit der Methode `createImage` in der Klasse `Component` ein Bild der gleichen Größe.

```
buffer = createImage(500, 300);
```

Image
«method» + *getGraphics(): Graphics*

Bild 8.4:
UML-Diagramm
von `Image`

Die Methode `getGraphics` in der Klasse `Image` liefert eine Grafik `screen` für das Bild `buffer`.

```
screen = buffer.getGraphics();
```

8.2 Eine Komponente auffrischen

Wenn wir ein Fenster eines anderen Programms über ein Applet ziehen, kommt es zu Überdeckungen. Teile des Applets, die anschließend auf dem Bildschirm wieder erscheinen, müssen neu gezeichnet werden. Hierzu stehen einige Methoden in der Klasse `Component` zur Verfügung, die das Casino erbt.

Bild 8.5:
UML-Diagramm
von `Component`

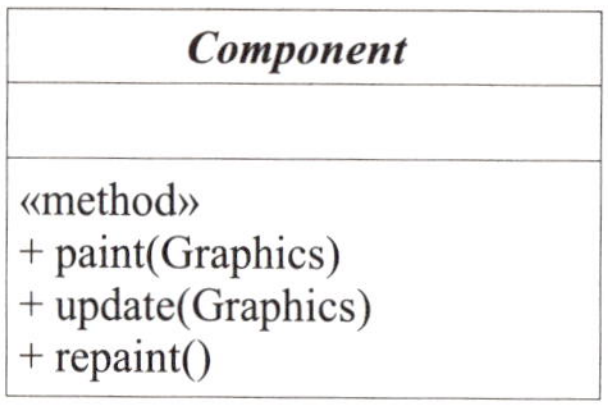

Component
«method» + paint(Graphics) + update(Graphics) + repaint()

Tabelle 8.1:
Methoden in
`Component`

Methode	**Bedeutung**
`paint`	das Aussehen der Komponente wird festgelegt
`update`	bereitet die grafische Gestaltung der Komponente vor und ruft die Methode `paint` auf
`repaint`	sorgt dafür, dass die Methode `update` sobald wie möglich aufgerufen wird

Die Methode `update` setzt zum Beispiel die gegenwärtige Malfarbe der Grafik und löscht den Hintergrund. Um ein Flackern zu verhindern, überschreiben wir sie.

```
public void update(Graphics g) {
  paint(g);
}
```

In der Methode `paint` malen wir das Bild `buffer` auf die Grafik `g` des Casinos.

```
public void paint(Graphics g) {
  g.drawImage(buffer, 0, 0, this);
}
```

Die Anweisungen, die früher an dieser Stelle standen, verschieben wir in die Methode `run`. Danach ersetzen wir die Grafik `g` des Applets durch die Grafik `screen` des Bildes `buffer`. Mit `repaint` lösen wir indirekt einen Aufruf von `paint` aus.

```
public void run() {
  Thread current = Thread.currentThread();
  while (current == game) {
    imageLoader.loadImage("Background.gif");
    for (int i = 0; i < 25; i++) {
      screen.drawImage(imageLoader.getImage(), i * 20,
         0, this);
    }
    imageLoader.loadImage("Castle.gif");
    screen.drawImage(imageLoader.getImage(), 299, 61, this);
    imageLoader.loadImage("Cliff.gif");
    screen.drawImage(imageLoader.getImage(), 259, 246, this);
    if (notebook.getAudio()) {
      soundLoader.load(new String[] {"Devil.au"});
      soundLoader.loop("Devil.au");
    }
    repaint();
    snooze(2000);
  }
}
```

Um das Casino zu animieren, müssen wir nur noch die Grafik screen ändern und anschließend die Methode repaint aufrufen.

8.3 Bilder in Applikationen erschaffen

In der Hauptmethode main des Casinos initialisieren wir die Felder buffer und screen und starten den Spielstrang.

```
casino.setBuffer(casino.createImage(500, 300));
casino.setScreen(casino.getBuffer().getGraphics());
casino.start();
```

Bilder können nicht immer erschaffen werden

Die Methode createImage funktioniert erst, wenn das Casino als ihr Täter auf dem Bildschirm sichtbar ist. Die obigen Anweisungen stehen daher am Ende der Hauptmethode, nachdem das Fenster der Applikation angezeigt ist. Andernfalls erhält das Feld buffer keinen vernünftigen Wert, sodass beim Zugriff eine NullPointerException entsteht, die zum Abbruch des Programms führt.

9 Auf Ereignisse reagieren

Damit sich der Spieler zwischen den einzelnen Räumen im Casino hin und her bewegen kann, müssen wir Mausklicks verarbeiten können. Auch die Slotmaschinen werden über Schaltflächen bedient. Wie rechteckige Bereiche einer Grafik auf Ereignisse reagieren und was bei der Gestaltung der Räume im Spielschloss alles beachtet werden muss, sehen wir uns in diesem Kapitel an.

9.1 Verschiedene Räume im Casino

Am Ende des Buches gibt es im Spielschloss sechs Räume.

Tabelle 9.1:
Die einzelnen Räume

Raum	Bedeutung
Castle	das Schloss mit dem Casino betritt der Spieler durch einen Klick auf sein Portal
BigApple	der Spielautomat BigApple
Cashier	die Kasse, bei der ein Scheck eingetauscht, der Spielmodus eingestellt und Geld in den Slot eingeworfen wird
Foyer	der Empfang mit Sprachauswahl und Registrierung
Hall	eine Halle, über die der Spieler zu den Automaten und zum Kassierer gelangt
Hammer	der Spielautomat Hammer

Alle Räume haben gemeinsame Eigenschaften, sodass wir die abstrakte Klasse Room entwickeln. Zunächst kümmern wir uns aber noch um die Hilfsklassen Flag und Mouse.

9.1.1 Bereiche mit Flaggen markieren

Ein `Flag` ist eine Aufstellung des Typs `boolean[]` zur Aufnahme von Wahrheitswerten. Die Länge dieser Aufstellung erhält der Konstruktor als Argument.

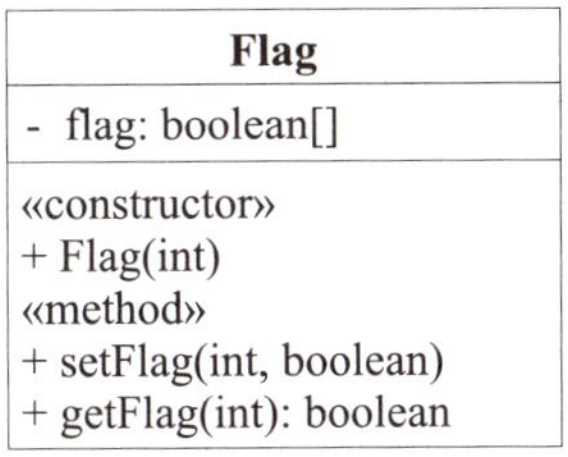

Flag
- flag: boolean[]
«constructor»   + Flag(int)   «method»   + setFlag(int, boolean)   + getFlag(int): boolean

Bild 9.1: UML-Diagramm von `Flag`

Um auf ein Ereignis aufmerksam zu machen, legen wir mit der Methode `setFlag` auf den zugehörigen Platz den Wert `true` ab und hissen somit ein Fähnchen. Das Programm schaut mit der Methode `getFlag` ab und zu bei den Fahnenmasten vorbei und erfährt somit, dass ein Ereignis eingetreten ist.

Im Spielschloss `Castle` hissen wir zum Beispiel ein Fähnchen, wenn der Spieler auf das Portal geklickt hat. Das Programm beobachtet den zugehörigen Masten ständig und lässt den Spieler dann sofort ins Casino hinein.

```java
public class Flag {
  private boolean[] flag;
  public Flag(int number) {
    flag = new boolean[number];
  }
  public void setFlag(int index, boolean value) {
    if (value) {
      flag[index] = true;
    } else {
      flag[index] = false;
    }
  }
  public boolean getFlag(int index) {
    return flag[index];
  }
}
```

In der abstrakten Klasse Room richten wir die Felder buttonFlag und cursorFlag ein. Die Fähnchen in buttonFlag dienen als Hinweise, auf welche Schaltfläche geklickt wurde. Mit den Fähnchen in cursorFlag legen wir fest, welche Schaltflächen zu einer bestimmten Zeit aktiviert oder deaktiviert sind.

Weil es im Foyer die größte Anzahl von sensiblen Bereichen gibt, erschaffen wir zwei Reihen mit 49 Flaggen.

```
buttonFlag = new Flag(49);
cursorFlag = new Flag(49);
```

9.1.2 Den Ort des Mauszeigers kapseln

Um zu untersuchen, ob ein Mauszeiger einen sensiblen Bereich betreten hat, müssen wir seine Koordinaten auf der Grafik kennen. Über aktivierte Schaltflächen verwandelt sich der Mauszeiger in eine Hand, damit der Spieler erkennt, dass er ein Ereignis durch einen Klick auslösen kann.

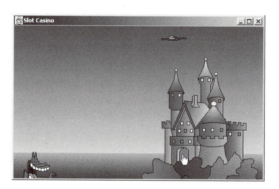

Bild 9.2: Eine Hand als Mauszeiger

In der Klasse Mouse kapseln wir die x- und die y-Koordinate des Ortes des Mauszeigers. Um mit den Koordinaten zu arbeiten, stehen noch get und set Methoden zur Verfügung.

Mouse
- x: int   - y: int
«constructor»   + Mouse()   «method»   + getX(): int   + setX(int)   + getY(): int   + setY(int)

Bild 9.3:
UML-Diagramm
von `Mouse`

```java
public class Mouse {
  private int x;
  private int y;
  public void setX(int x) {
    this.x = x;
  }
  public void setY(int y) {
    this.y = y;
  }
  public int getX() {
    return x;
  }
  public int getY() {
    return y;
  }
}
```

Einen Ort für einen Mauszeiger erschaffen wir mit der Anweisung

```java
mouse = new Mouse();
```

9.1.3 Einen abstrakten Raum gestalten

Damit wir nicht unnötig oft mit `get` und `set` Methoden arbeiten müssen, führen wir im abstrakten Raum des Schlosses einige Felder ein, die bereits aus der Klasse `Casino` bekannt sind.

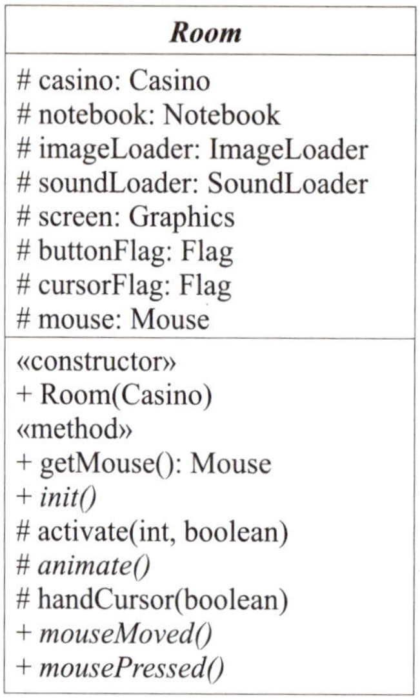

Bild 9.4:
UML-Diagramm
von Room

Room
casino: Casino # notebook: Notebook # imageLoader: ImageLoader # soundLoader: SoundLoader # screen: Graphics # buttonFlag: Flag # cursorFlag: Flag # mouse: Mouse
«constructor» + Room(Casino) «method» + getMouse(): Mouse + *init()* # activate(int, boolean) # *animate()* # handCursor(boolean) + *mouseMoved()* + *mousePressed()*

Der Konstruktor erhält eine Referenz zum Casino, um die Felder zu initialisieren. Das Feld `casino` steht zur Verfügung, weil es in der Methode `handCursor` benötigt wird.

```
public Room(Casino casino) {
  this.casino = casino;
  notebook = casino.getNotebook();
  imageLoader = casino.getImageLoader();
  soundLoader = casino.getSoundLoader();
  screen = casino.getScreen();
  buttonFlag = new Flag(49);
  cursorFlag = new Flag(49);
  mouse = new Mouse();
}
```

Beim Einbau von Räumen ins Schloss müssen wir nur an die Methoden `getMouse`, `init`, `mouseMoved` und `mousePressed` herankommen. Alle anderen Methoden sind geschützt, damit sie von den Unterklassen geerbt werden.

Tabelle 9.2: Methoden in Room

Methode	Bedeutung
GetMouse	den Ort des Mauszeigers ermitteln; mit den Methoden setX und setY kann dieser Ort angepasst werden, wenn der Spieler die Maus über das Applet bewegt
Init	den Raum initialisieren, also zum Beispiel Bilder laden
Activate	einen bestimmten Bereich bei true aktivieren und bei false deaktivieren
animate	die Animation starten und auf Mausereignisse warten
handCursor	den Mauszeiger beim Wert true in eine Hand und beim Wert false in den standardmäßigen Pfeil ändern
mouseMoved	reagieren, wenn sich der Mauszeiger bewegt
mousePressed	reagieren, wenn mit einer Maustaste geklickt wurde

Die Methode getMouse gibt den Wert des Feldes mouse zurück.

```
public Mouse getMouse() {
   return mouse;
}
```

Die abstrakten Methoden haben noch keine Anweisungen.

```
public abstract void init();

protected abstract void animate();

public abstract void mouseMoved();

public abstract void mousePressed();
```

Wenn wir einen bestimmten Bereich aktivieren oder deaktivieren, ändert sich der Wert auf dem zugehörigen Platz in cursorFlag.

```
protected void activate(int index, boolean value) {
   cursorFlag.setFlag(index, value);
}
```

Die Methode setCursor in der Klasse Component legt die Art des Mauszeigers über einer Komponente fest.

Bild 9.5:
UML-Diagramm
von `Component`

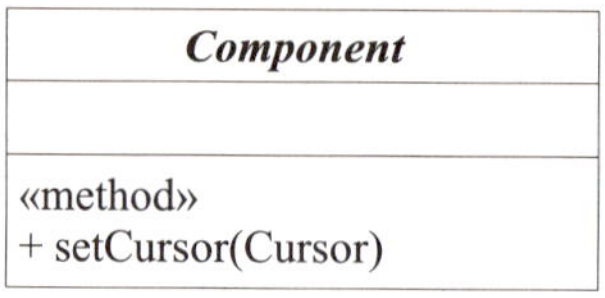

Component
«method» + setCursor(Cursor)

Mit den Feldern in der Klasse `Cursor` im Paket `java.awt` lässt sich rasch ein neuer Mauszeiger angeben.

Bild 9.6:
UML-Diagramm
von `Cursor`

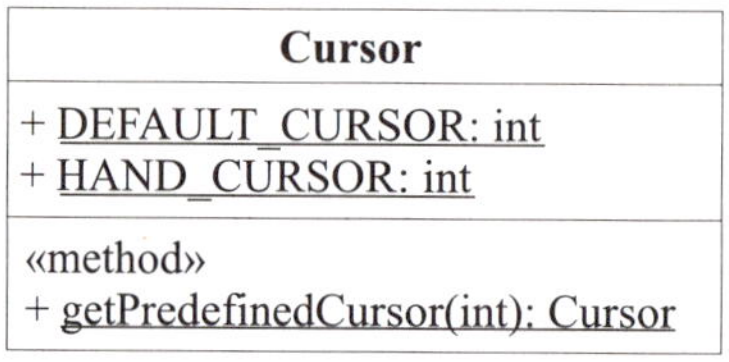

Cursor
+ <u>DEFAULT_CURSOR: int</u> + <u>HAND_CURSOR: int</u>
«method» + <u>getPredefinedCursor(int): Cursor</u>

Wenn wir einen aktivierten Bereich im Casino mit der Maus betreten oder verlassen, muss sich der Zeiger entsprechend ändern.

```
protected void handCursor(boolean b) {
  if (b) {
    casino.setCursor(Cursor.getPredefinedCursor(
        Cursor.HAND_CURSOR));
  } else {
    casino.setCursor(Cursor.getPredefinedCursor(
        Cursor.DEFAULT_CURSOR));
  }
}
```

9.1.4 Das Spielschloss als erster Raum

In der Aufgabe 4.4 haben Sie das Arbeitsblatt *Castle5.ws* mit allen Animationen des Schlosses fertiggestellt. Wir entwickeln nun die Klasse `Castle`, die von `Room` abgeleitet ist und den ersten konkreten Raum darstellt.

In der Methode `init` malen wir den landschaftlichen Hintergrund und das Schloss mit dem Kliff.

```
public void init() {
  imageLoader.loadImage("Background.gif");
  for (int i = 0; i < 25; i++) {
```

```
    screen.drawImage(imageLoader.getImage(), i * 20, 0,
        casino);
  }
  <weitere Anweisungen>
  casino.repaint();
  animate();
}
```

Am Ende frischen wir die grafische Ausgabe des Casinos auf und fahren mit der Methode `animate` fort.

```
protected void animate() {
  activate(0, true);
  soundLoader.load(new String[] {"Devil.au", "Thunder.au",
      "Wind.au"});
  soundLoader.loop("Wind.au");
  <weitere Anweisungen>
  int wait = 0;
  while (!buttonFlag.getFlag(0)) {
    if (Math.random() < 0.05) {
      soundLoader.play("Thunder.au");
    }
    <weitere Anweisungen>
    screen.drawImage(devil, 20, devilLocation, casino);
    casino.repaint();
    Casino.snooze(4);
  }
  activate(0, false);
}
```

Viele Anweisungen sind bereits aus dem Arbeitsblatt *Castle5.ws* bekannt. Beim Anpassen der Anweisungen ersetzen wir `loader` durch `imageLoader`, `sound` durch `soundLoader`, `g` durch `screen`, `this` durch `casino`, `repaint();` durch `casino.repaint();` und `Thread.sleep(200);` durch `Casino.snooze(4);`.

Sehr wichtig ist, dass wir in den `while` Kopf nicht mehr `true`, sondern die Bedingung `!buttonflag.getFlag(0)` hineinschreiben. Wenn die Fahne mit dem Index 0 im Feld `buttonFlag` flattert, liefert der Ausdruck `buttonflag.getFlag(0)` den Wert `true` und der Spieler hat auf das Portal des Schlosses geklickt. Der negierte Ausdruck mit dem vorangestellten Ausrufezeichen hat folglich den Wert `false`, sodass die Methode `animate` endet. Solange der Spieler noch nicht auf das Portal geklickt hat, wird die `while` Anweisung wiederholt.

Der Operator ! führt eine Negation von Wahrheitswerten durch.

Tabelle 9.3:
Die Wirkung
der Negation

Wert von x	Wert von !x
true	false
false	true

In Kürze lernen wir noch weitere Operatoren zur Verarbeitung von Wahrheitswerten kennen.

9.1.5 Einen Raum ins Casino einbauen

In der Klasse `Casino` führen wir das Feld `room` für einen Raum ein, das in allen Methoden sichtbar ist.

```
private Room room;
```

In der `while` Anweisung der Methode `run` erschaffen wir das Schloss als ersten Raum. Über die Methode `init` startet die Animation. Wenn der Spieler auf das Tor klickt, endet die Methode `animate` und jemand sagt "Herein!". In Kapitel 10 fahren wir damit fort, den Spieler zu begrüßen.

```
public void run() {
  Thread current = Thread.currentThread();
  while (current == game) {
    room = new Castle(this);
    room.init();
    System.out.print("Herein!");
  }
}
```

Wenn Sie das Casino über die Dateien `Application.bat` oder `Applet.bat` gestartet haben, sehen Sie die Meldung "Herein!" in der Eingabeaufforderung.

Bild 9.7:
Eine Meldung in der Eingabeaufforderung

An der Schnabelspitze des Vogels links oben können Sie erkennen, dass die Animation kurz nach der Ausgabe der Meldung wieder von vorne startet.

Um die Meldung in einem Browser zu sehen, muss die Java-Konsole aktiviert werden. Im *Microsoft Internet Explorer* rufen Sie dazu das Menü EXTRAS • INTERNETOPTIONEN auf und klicken die Registerkarte ERWEITERT an. Hier gibt es ein Kontrollkästchen für die Aktivierung der Java-Konsole.

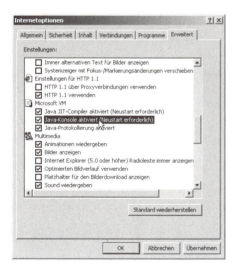

Bild 9.8:
Aktivierung der Java-Konsole

Über das Menü ANSICHT • JAVA-BEFEHLSZEILE erscheint ein separates Fenster mit den Meldungen des Applets.

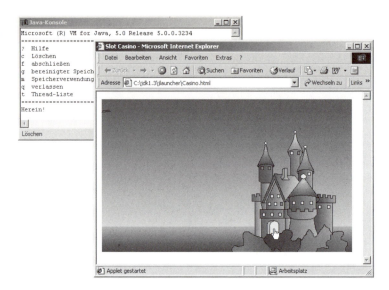

Bild 9.9:
Eine Meldung in
der Java-Konsole

9.2 Mausereignisse verarbeiten

In jedem Java-Programm mit einer grafischen Oberfläche gibt es zusätzlich zu den Strängen, die wir selbst starten, noch einen weiteren Strang, der als AWT-Thread bezeichnet wird. Er sorgt zum Beispiel für den Lebenslauf eines Applets, die Auffrischung der grafischen Oberfläche und die Reaktion auf Ereignisse.

9.2.1 Einen rechteckigen Bereich aktivieren

Am Anfang der Methode `animate` steht die Anweisung

```
activate(0, true);
```

zur Aktivierung des Tores. An ihrem Ende wird es deaktiviert.

```
activate(0, false);
```

Der rechteckige Torbereich liegt zwischen den x-Koordinaten 329 und 352 und den y-Koordinaten 238 und 265.

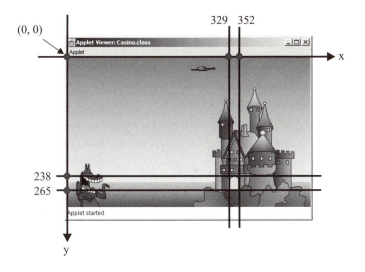

Bild 9.10:
Ein rechteckiger Bereich

Beim Aktivieren oder Deaktivieren eines Bereichs überprüfen wir, ob sich der Mauszeiger darin befindet.

```
protected void activate(int index, boolean value) {
  super.activate(index, value);
  int x = mouse.getX();
  int y = mouse.getY();
  if (329 <= x && x <= 352 && 238 <= y && y <= 265) {
    handCursor(value);
  }
}
```

Mit den Operatoren & (Und), | (Oder), && (doppeltes Und), || (doppeltes Oder) können wir mehrere Bedingungen verlangen.

Wert von x	Wert von y	Wert von x & y	Wert von x | y
false	false	false	false
false	true	false	true
true	false	false	true
true	true	true	true

Tabelle 9.4:
Die Wirkung von logischen Operationen

Wenn x den Wert `false` hat, erhalten wir bei x & y unabhängig von y den Wert `false`. Daher gibt es noch die verdoppelten Operatoren && und ||, bei denen der Ausdruck y nicht mehr ausgewertet wird, wenn x bereits einen bestimmten Wert hat.

Tabelle 9.5:
Die Wirkung der verdoppelten logischen Operatoren

Wert von x	**Wert von** y	**Wert von** x && y
false	wird nicht ausgewertet	false
false	wird nicht ausgewertet	false
true	false	false
true	true	true

Wert von x	**Wert von** y	**Wert von** x || y
false	false	false
false	true	true
true	wird nicht ausgewertet	true
true	wird nicht ausgewertet	true

Um zu untersuchen, ob sich der Mauszeiger im Torbereich befindet, werten wir den Ausdruck

```
329 <= x && x <= 352 && 238 <= y && y <= 265
```

aus. Wenn die x-Koordinate kleiner als 329 ist, liefert `329 <= x` den Wert `false`. Wegen des verdoppelten Operators && ist es nicht mehr nötig, die anderen drei Bedingungen zu überprüfen, so dass Zeit bei der Ausführung gespart wird. Nur wenn alle vier Bedingungen den Wert `true` liefern, ist das Endergebnis `true` und der Mauszeiger befindet sich im Torbereich.

In Java werden Ausdrücke meistens von links nach rechts ausgewertet. Zum Beispiel wird 3 + 2 + 1 als (3 + 2) + 1 berechnet. Wenn verschiedene Operatoren vorkommen und keine Klammern gesetzt sind, müssen wir beachten, welche Operation zuerst ausgeführt wird. Zum Beispiel wird 3 + 2 * 1 nicht als (3 + 2) * 1, sondern als 3 + (2 * 1) betrachtet, weil die Multiplikation eine höhere Priorität als die Addition hat. Die Operatoren ++ und -- haben die höchste und der Operator = die niedrigste Priorität.

Operator	Bedeutung
++, --	eine Zahl um 1 erhöhen oder erniedrigen
!, +, -	einen Wahrheitswert negieren, das Vorzeichen einer Zahl ändern
*, /	zwei Zahlen multiplizieren oder dividieren
+, -	zwei Zahlen addieren oder subtrahieren
<, <=, >=, >	zwei Zahlen anordnen
==, !=	zwei Wahrheitswerte oder zwei Zahlen vergleichen
&	logisches Und
|	logisches Oder
&&	verdoppeltes Und
||	verdoppeltes Oder
=	einer Variablen einen Wert zuweisen

Tabelle 9.6:
Die unterschiedlichen Prioritäten der Operatoren

Weil der Operator <= eine höhere Priorität als && hat, wird der Ausdruck

329 <= x && x <= 352 && 238 <= y && y <= 265

wie der Ausdruck

(329 <= x) && (x <= 352) && (238 <= y) && (y <= 265)

behandelt.

Wenn sich der Mauszeiger im Torbereich befindet, ändern wir ihn in eine Hand, ansonsten in den standardmäßigen Pfeil.

handCursor(value);

9.2.2 Passende Schnittstellen implementieren

Im Paket `java.awt.event` liegen zahlreiche Schnittstellen, um auf einen bestimmten Ereignistyp zu reagieren.

Tabelle 9.7: Wichtige Schnittstellen für Ereignisse

Schnittstelle	Ein Ereignis wird ausgelöst, wenn
ActionListener	wir auf eine Schaltfläche klicken, einen Menüposten auswählen oder einen Eintrag in einer Liste doppelt anklicken
ItemListener	wir einen Eintrag in einer Liste auswählen
KeyListener	wir auf eine Taste tippen
MouseListener	wir auf eine Maustaste drücken, eine Maustaste klicken (an der gleichen Stelle auf dem Bildschirm drücken und loslassen) oder eine Maustaste loslassen
MouseMotionListener	wir die Maus bei losgelassener oder bei gedrückter Taste bewegen
TextListener	wir den Text in einem Textfeld oder einem Textbereich ändern
WindowListener	wir ein Fenster schließen, auf der Taskleiste ablegen oder von der Taskleiste zurückholen

Im Casino benötigen wir einen `MouseListener`, um auf Klicks in aktivierten Bereichen zu reagieren. Ein `MouseMotionListener` sorgt dafür, dass sich der Mauszeiger beim Betreten und Verlassen eines aktivierten Bereichs ändert. Die beiden Schnittstellen geben wir in der Deklaration der Klasse `Casino` an.

```
public class Casino extends Applet implements MouseListener,
        MouseMotionListener, Runnable
```

9.2.3 Einen Zuhörer registrieren

Eine Komponente kann nicht auf jeden beliebigen Ereignistyp reagieren. Zum Beispiel ist es unsinnig, einem Textfeld einen `WindowListener` zuzuordnen. Daher finden wir in jeder Klasse einer bestimmten Komponente nur wenige Methoden zur Registrierung von Zuhörern, was die Auswahlmöglichkeiten automatisch einschränkt.

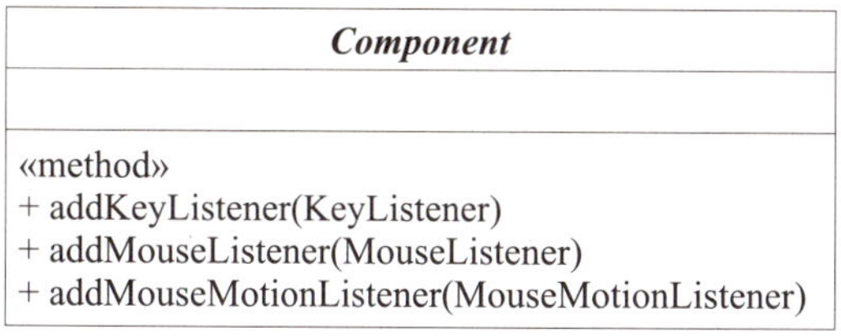

Component
«method» + addKeyListener(KeyListener) + addMouseListener(MouseListener) + addMouseMotionListener(MouseMotionListener)

Bild 9.11: UML-Diagramm von Component

Eine Komponente dürfen wir bei einem `KeyListener`, `MouseListener` oder `MouseMotionListener` registrieren. Methoden für andere Zuhörer stehen erst in geeigneten Unterklassen von `Component` zur Verfügung, zum Beispiel `addWindowListener` in der Klasse `Window`.

Weil das `Casino` von `Applet` und somit implizit von `Component` abgeleitet ist, dürfen wir es beim implementierten `MouseListener` und `MouseMotionListener` registrieren. Die Registrierung wird in der Methode `init` durch die Anweisungen

```
addMouseListener(this);
addMouseMotionListener(this);
```

vorgenommen. In der Hauptmethode fügen wir die Zeilen

```
casino.addMouseListener(casino);
casino.addMouseMotionListener(casino);
```

hinzu.

9.2.4 Die Methoden der Schnittstellen überschreiben

Erst nach der Registrierung bei einem Zuhörer ist eine Komponente in der Lage, auf einen Ereignistyp zu reagieren. Der AWT-Thread erschafft beim Auftreten eines Ereignisses ein Objekt, das er automatisch einer passenden Methode des Zuhörers übergibt. Die Methoden der Schnittstellen `MouseListener` und `MouseMo-`

tionListener sehen wir uns nun genauer an. Bei Mäusen entstehen Ereignisse des Typs MouseEvent im Paket java.awt.event.

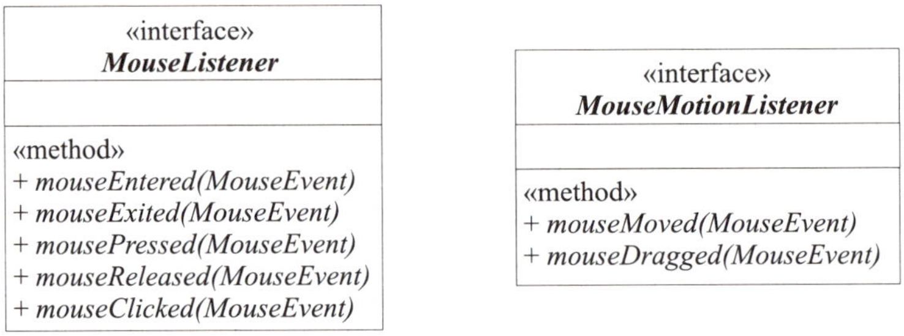

Bild 9.12: UML-Diagramme von MouseListener und MouseMotionListener

```
«interface»
MouseListener

«method»
+ mouseEntered(MouseEvent)
+ mouseExited(MouseEvent)
+ mousePressed(MouseEvent)
+ mouseReleased(MouseEvent)
+ mouseClicked(MouseEvent)
```

```
«interface»
MouseMotionListener

«method»
+ mouseMoved(MouseEvent)
+ mouseDragged(MouseEvent)
```

Tabelle 9.8: Methoden in MouseListener und MouseMotionListener

Methode	Bedeutung
mouseEntered	reagieren, wenn der Mauszeiger die Komponente betritt
mouseExited	reagieren, wenn der Mauszeiger die Komponente verlässt
mousePressed	reagieren, wenn eine Maustaste gedrückt wird
mouseReleased	reagieren, wenn eine Maustaste losgelassen wird
mouseClicked	reagieren, wenn eine Maustaste geklickt wird
mouseMoved	reagieren, wenn die Maus bei losgelassenen Tasten bewegt wird
mouseDragged	reagieren, wenn die Maus bei einer gedrückten Taste bewegt wird

Die Koordinaten des Ortes, bei dem ein MouseEvent aufgetreten ist, erhalten wir mit den Methoden getX und getY.

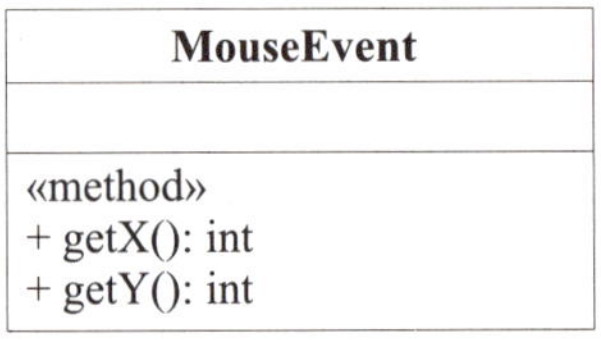

Bild 9.13: UML-Diagramm von MouseEvent

```
MouseEvent

«method»
+ getX(): int
+ getY(): int
```

Im Casino überschreiben wir die Methoden `mouseClicked`, `mouseDragged`, `mouseEntered`, `mouseExited` und `mouseReleased` durch Versionen ohne Anweisungen, weil sie für uns bedeutungslos sind.

Wenn der Mauszeiger über den Bildschirm bewegt wird, teilen wir dem Feld `mouse` im gegenwärtigen Raum die Koordinaten des Ereignisses mit und rufen die Methode `mouseMoved` des Raumes auf.

```
public void mouseMoved(MouseEvent e) {
  room.getMouse().setX(e.getX());
  room.getMouse().setY(e.getY());
  room.mouseMoved();
}
```

Wenn der Spieler auf eine Maustaste drückt, werden die Anweisungen in der Methode `mousePressed` ausgeführt.

```
public void mousePressed(MouseEvent e) {
  room.mousePressed();
}
```

9.2.5 Im Schloss auf Ereignisse reagieren

In der Methode `mouseMoved` testen wir, ob der Mauszeiger einen aktivierten Bereich betreten oder verlassen hat und ändern dementsprechend sein Aussehen.

```
public void mouseMoved() {
  int x = mouse.getX();
  int y = mouse.getY();
  boolean b = false;
  if (cursorFlag.getFlag(0) && 329 <= x && x <= 352 &&
      238 <= y && y <= 265) {
    b = true;
  }
  handCursor(b);
}
```

Der Wert von `cursorFlag.getFlag(0)` entscheidet darüber, ob der Torbereich aktiviert oder deaktiviert ist. Beim aktivierten Zustand wird die Fahne mit dem Index 0 im `buttonFlag` gehisst. Die `while`

Anweisung im Spielstrang in der Methode animate läuft unabhängig vom AWT-Thread ab und wird nun automatisch beendet.

```
public void mousePressed() {
  int x = mouse.getX();
  int y = mouse.getY();
  if (cursorFlag.getFlag(0) && 329 <= x && x <= 352 &&
      238 <= y && y <= 265) {
    buttonFlag.setFlag(0, true);
  }
}
```

10 Vom Kassierer bis zur Slotmaschine

Bisher haben wir die Grundlagen für viele allgemeine Funktionen im Casino diskutiert. In diesem Kapitel wollen wir die restlichen Räume ohne die Registrierung von Spielern fertigstellen, was in den Kapiteln 12 und 13 nachgeholt wird. Der Quellcode der Räume besteht aus etlichen Zeilen. Daher würde der Umfang dieses Kapitels explodieren, wenn wir uns nicht auf die Beschreibung ihrer wesentlichen Funktionen mit Schnappschüssen vom Bildschirm beschränken würden. Hierbei stoßen wir automatisch auf weitere Eigenschaften von Java, die bisher noch nicht besprochen wurden.

10.1 Von Raum zu Raum wandern

Um im Casino von einem Raum in einen anderen zu gelangen, bauen wir eine `switch` Anweisung in die Methode `run` ein.

10.1.1 Mehrere Fälle unterscheiden

Eine `switch` Anweisung dient dazu, mehrere Fälle zu unterscheiden. Sie hat den allgemeinen Aufbau

```
switch (<Ausdruck des Typs int>) {
  <Anweisungen>
}
```

Zwischen den Anweisungen im `switch` Rumpf können wir `case` Etiketten einstreuen.

```
case <Wert des Typs int>:
```

Es gibt auch ein `default` Etikett.

```
default:
```

Bei einer `switch` Anweisung wird zuerst der Ausdruck des Typs `int` ausgewertet. Wenn es ein `case` Etikett gibt, das zum erhaltenen Ergebnis passt, geht es mit den Anweisungen hinter diesem Etikett los.

Mit der `break` Anweisung

```
break;
```

lässt sich die Flusskontrolle vorab stoppen, damit sie nicht bis zum Ende des `while` Rumpfes durchfällt. So können wir verhindern, dass auch die Anweisungen hinter anderen Fällen ausgeführt werden.

Wenn es keinen passenden Fall gibt, geht es mit den Anweisungen hinter dem `default` Etikett weiter, wenn es existiert.

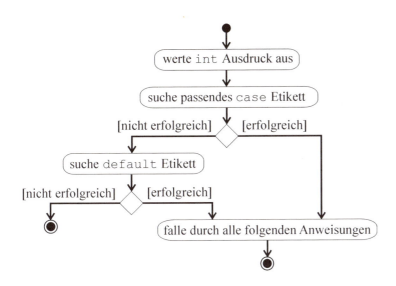

Bild 10.1: Flussdiagramm für die `switch` Anweisung

Im Casino führen wir das Feld

```
private int state = 1;
```

ein, um festzuhalten, in welchem Raum der Spieler zurzeit ist.

Solange der Spielstrang noch nicht stoppt, begeben wir uns in den Raum, der durch `state` gekennzeichnet ist. Zum Beispiel sind wir beim Wert 1 vor dem Spielschloss, beim Wert 2 im Foyer und beim

Wert 3 an der Kasse. Im folgenden Ausschnitt sind nur die Fälle Castle und Foyer aufgeführt.

```
while (current == game) {
  switch (state) {
    case 1:
      Mouse temp = null;
      if (room != null) {
        temp = room.getMouse();
      }
      room = new Castle(this);
      if (temp != null) {
        room.getMouse().setX(temp.getX());
        room.getMouse().setY(temp.getY());
      }
      room.init();
      state = 2;
      snooze(32);
      break;
    case 2:
      temp = room.getMouse();
      room = new Foyer(this);
      room.getMouse().setX(temp.getX());
      room.getMouse().setY(temp.getY());
      room.init();
      if (notebook.getOver()) {
        notebook.setOver(false);
        state = 1;
      } else {
        state = 3;
      }
      snooze(32);
      break;
    <weitere Fälle>
  }
}
```

Wenn sich der Spieler in einen neuen Raum begibt, muss der Ort des Mauszeigers richtig initialisiert werden. Dazu benötigen wir den Ort `temp` des Mauszeigers im letzten Raum.

Kurz nach dem Programmstart hat `room` den Wert `null`, weil es den letzten Raum noch nicht gibt. Daher testen wir im Fall 1, ob das Feld `room` bereits einen Wert hat. Wenn ein Spieler das Casino verlässt, ist der letzte Raum selbstverständlich bekannt.

Bemerkenswert ist, dass die Variable `temp` im Fall 2 nicht mehr deklariert wird. Die Deklarationen sind sowohl vorwärts als auch rückwärts in den anderen Fällen sichtbar.

10.1.2 Die Begrüßung im Foyer

Nach einem Klick auf das Schlosstor gelangt der Spieler zur Sprachauswahl. Um Nachrichten anzuzeigen, verwenden wir die Klasse `Display` aus der Übungsaufgabe 5.5.

Bild 10.2:
Auswahl der Sprache

Wenn ein Spieler längere Zeit nicht reagiert, wird er automatisch aus dem Schloss hinausgeworfen. Dazu richten wir in der Methode `animate` die Variable `wait` ein. Beim Wert 50 trägt die Methode `setOver` im Notizblock ein, dass die aktuelle Sitzung vorbei ist. In der `if` Anweisung wird die Animation verlassen.

```
int wait = 0;
while (!buttonFlag.getFlag(0) && !buttonFlag.getFlag(1)) {
  wait++;
  <Anweisungen>
  if (wait == 50) {
    notebook.setOver(true);
    break;
  }
}
<Anweisungen>
if (notebook.getOver()) {
  return;
} else if (buttonFlag.getFlag(0)) {
  notebook.setLanguage('E');
} else if (buttonFlag.getFlag(1)) {
```

```
notebook.setLanguage('D');
}
```

Im Fall 2 erreicht das Casino den Zustand 1 oder 3, sodass der Spieler zum Schloss oder zum Kassierer gelangt.

```
if (notebook.getOver()) {
  notebook.setOver(false);
  state = 1;
} else {
  state = 3;
}
```

Nachdem der Spieler seine Sprache eingestellt hat, identifiziert er sich über MEMBER oder betritt das Casino über GUEST. Wer ein Mitglied werden möchte, muss sich zunächst im Slotclub registrieren.

Bild 10.3: Ist der Spieler ein Gast oder ein registriertes Mitglied?

In diesem Kapitel können Sie nur als Gast an den Slots spielen, weil die Möglichkeit zur Registrierung erst in Kapitel 12 eingebaut wird. Beim Betreten des Casinos als Mitglied muss der PC mit dem Internet verbunden sein. Die Einsätze, Gewinne und Bonuspunkte werden dann in einem Konto auf einem fremden Rechner im Internet festgehalten. Je mehr Mitglieder an den Slots spielen und je höher die Einsätze sind, umso schneller wächst der Jackpot.

Beim Betreten des Casinos als Mitglied muss der Benutzername und ein Passwort eingegeben werden.

```
String username = getUsername();
<Anweisungen>
String password = getPassword(false);
```

Die Eingabe der Buchstaben des Benutzernamens erfolgt über eine spezielle Maske. Bei der deutschsprachigen Registrierung stehen noch die Zeichen Ä, Ö und Ü zur Verfügung.

Bild 10.4:
Eingabe des Benutzernamens

Bei der Eingabe des Passwortes erscheint eine Ziffernmaske.

Bild 10.5:
Eingabe des Passworts

Über DELETE können alle Buchstaben oder Ziffern komplett gelöscht werden. Nach einem Klick auf ENTER wird ein Communicator erschaffen.

```
Communicator communicator = new Communicator(notebook);
String answer = communicator.login(username, password);
```

Er nimmt Kontakt mit dem fremden Rechner im Internet auf und führt eine Überprüfung des Passwortes durch.

Bild 10.6:
UML-Diagramm
von Communicator

Communicator
«constructor» + Communicator(Notebook) «method» + cheque(String, String): boolean + login(String, String): String + logout(String, String, String): boolean + getMillions(): String + replace(String, String, String, String): boolean + sign(String, String): boolean

Tabelle 10.1:
Methoden in
Communicator

Methode	Bedeutung
cheque	einen Scheck einlösen
login	einen Spieler im Casino anmelden
logout	das Casino verlassen
getMillions	die Höhe des angehäuften Jackpots ermitteln
replace	den aktuellen Saldo und die gesammelten Punkte abspeichern
sign	einen Spieler über den Slotclub registrieren

Die Methoden in Communicator werden erst in Kapitel 12 sinnvoll gefüllt. Zurzeit zeigen sie nur ein Standardverhalten, zum Beispiel

```
public String login(String username, String password) {
   return "*";
}
```

Eigentlich liefert die Methode login die aktuellen Benutzerdaten. Wenn ein Sternchen zurückgegeben wird, ist etwas schief gelaufen und der Spieler muss das Casino sofort verlassen.

```
if (answer.equals("*")) { // Login ERROR
   notebook.setOver(true);
   return;
} else { // Login successful
   notebook.setUsername(username);
   notebook.setPassword(password);
```

```
    StringTokenizer tokenizer = new StringTokenizer(answer,
        "*", false);
    for (int i = 0; i < 4; i++) {
      tokenizer.nextToken();
    }
    notebook.setBalance(Integer.parseInt(
        tokenizer.nextToken()));
    notebook.setPoints(
        Integer.parseInt(tokenizer.nextToken()));
    notebook.setSessions(0);
    notebook.setDollarsFlag(false);
    notebook.setRegistration(true);
    welcome(answer);
}
```

Ein `StringTokenizer` zerlegt eine Zeichenkette in einzelne Teile. Die Methode `login` liefert die Benutzerdaten in der Form

`"username*password*visits*cheques*balance*points"`

Gespeichert werden somit der Benutzername, das Passwort, die Anzahl der bisherigen Besuche im Casino, die Anzahl der eingelösten Schecks, der Saldo und die Bonuspunkte.

StringTokenizer
«constructor» + StringTokenizer(String, String, boolean) «method» + hasMoreTokens(): boolean + nextToken(): String

Bild 10.7:
UML-Diagramm von
`StringTokenizer`

Der Konstruktor verlangt eine Zeichenkette, die zerlegt werden soll, und eine Zeichenkette mit den Grenzpfosten. Mit dem Wahrheitswert geben wir an, ob die Grenzpfosten in der Liste mit den Tokens vorkommen sollen oder nicht.

Weil die Zeichenkette mit der Benutzerinformation bezüglich der Sternchen aufgespalten werden soll, übergeben wir die Zeichenkette `"*"` an zweiter Stelle. Die Sternchen sind nach der Aufspaltung nicht wichtig, sodass sie mit `false` automatisch herausfallen.

```
StringTokenizer tokenizer = new StringTokenizer(answer,
    "*", false);
```

Wenn `answer` den Wert `"roland*35746853*17*5*1027*131"` hätte, würde der `tokenizer` nach der Aufspaltung die Zeichenketten `"roland"`, `"35746853"`, `"17"`, `"5"`, `"1027"` und `"131"` enthalten.

Mit der Methode `nextToken` wird die nächste Zeichenkette aus dem `tokenizer` entnommen. Häufig tauchen in der Praxis `while` Anweisungen auf. Solange der `tokenizer` noch nicht leer ist, wird ein weiteres Token entnommen und verarbeitet.

```
while (tokenizer.hasMoreTokens()) {
  String token = tokenizer.nextToken();
  <Anweisungen zur Verarbeitung von token>
}
```

Von den Benutzerdaten benötigen wir zunächst nur den Saldo und die Punkte, sodass die ersten vier Token in der obigen `for` Anweisung überlesen werden.

Wenn ein Spieler 10 Dollar gespielt hat, was 40 Spielen mit jeweils 25 Cents entspricht, erhält er einen Bonuspunkt. In richtigen Casinos können die Bonuspunkte gegen Geschenke eingetauscht werden. Mit `setSessions` setzen wir die Anzahl der Sitzungen zunächst auf 0.

Die Methode `setDollarsFlag` sorgt für ein spezielles Fähnchen. Jeder Spieler, der sich neu registriert hat, erhält nach den ersten 100 gespielten Dollar als Bonus 40 Dollar gutgeschrieben. Wichtig ist, dass er das Casino zwischendurch nicht verlässt, sonst ist der Bonus futsch. Dieses „play $100 for free $40" Spiel ist in heutigen Casinos ebenfalls sehr populär.

Bei der Registrierung eines neuen Spielers werden die Methoden `getUsername` und `getPassword` ebenfalls aufgerufen.

```
String username = getUsername();
<Anweisungen>
String first = getPassword(false);
<Anweisungen>
String second = getPassword(true);
```

Die Passworteingabe findet zur Sicherheit zweimal statt. Es hängt vom Wahrheitswert in `getPassword` ab, ob in der ersten Zeile in Bild 10.5 Passwort oder Passwortbestätigung steht.

10.1.3 Schecks beim Kassierer eintauschen

Nach der Begrüßung muss an der Kasse zunächst ein Scheck eingetauscht werden. Registrierte Spieler haben eventuell noch ein Geldhäufchen in der Tasche. Die Schaltfläche Cheque wird automatisch aktiviert, wenn der Spieler pleite ist.

Bild 10.8:
Einen Scheck eintauschen und den Spielmodus einstellen

Jeder Scheck hat einen Wert von 1000 Dollar. Die Anzahl der eingelösten Schecks wird bei registrierten Spielern gespeichert, um eine vernünftige Aussage über den tatsächlichen Gewinn machen zu können.

Bevor Geld in den Schlitz rechts oben eingeworfen wird, ist der Spielmodus einzustellen. Pro Spiel darf der Spieler 25 Cents, 1, 2, 5, 10 oder 20 Dollar einsetzen.

Auf dem Geldtisch liegen soviele Münzen, wie es der aktuelle Saldo widerspiegelt. Die silbernen Münzen im linken Stapel haben einen Wert von 25 Cents. Alle anderen Münzen sind goldfarben und zeigen den Dollarwert an.

Über die Schaltfläche Log Out kann der Spieler das Casino verlassen. Über `Slot Room` gelangt er in die Halle mit den Slots. Um an den Slots spielen zu können, muss der Zähler Credit allerdings etwas anzeigen.

In der Klasse `Cashier` sind die Anweisungen zur Ausgabe der Münzhaufen am interessantesten. Wenn auf dem Geldtisch noch 631.75 Dollar liegen, hat der Spieler 368.25 Dollar beim Schlitz eingeworfen. Weil als Spielmodus 5 Dollar eingestellt ist, werden 365 Dollar akzeptiert, was 73 Krediten mit jeweils 5 Dollar entspricht. Auf dem Geldtisch liegt nun nur noch eine Münze der Sorte 5, 25, 100 und 500 Dollar.

Bild 10.9:
Eine Münze mit der Maus greifen und einwerfen

Nach dem Einwurf der letzten Münze mit 5 Dollar müssen die Stapel umgeschichtet werden, damit von jeder Sorte immer eine Münze vorhanden ist.

Bild 10.10:
Automatische Umtauschaktionen

Zunächst werden 25 Dollar in fünf 5 Dollar umgetauscht. Nun fehlt aber eine Münze mit 25 Dollar, weshalb eine Münze mit 100 Dollar gewechselt werden muss. Anschließend gibt es aber keine Münze mit 100 Dollar mehr. Der Einwurf einer Münze führt daher manchmal zu kettenartigen Umtauschaktionen.

Die Methode `cash` in der Klasse `Cashier` ist für die Umschichtung der Münzhaufen verantwortlich. Für die Anzahl der Münzen in den einzelnen Haufen gibt es die Aufstellung `list`. Die Werte in `value` stellen den jeweiligen Münzwert in 25 Cents dar. Die Aufstellung limit enthält Grenzwerte, die dafür sorgen, dass jeder Haufen aus mindestens einer Münze besteht. Zum Beispiel können 20 Münzen mit jeweils 25 Cents in viermal 1 Dollar und viermal 25 Cents hingelegt werden. Bei einmal 5 Dollar wären die kleineren Haufen nicht da. Im Modus 25 Cents könnte der Spieler nun keine kleinen Münzen einwerfen.

```
private void cash() {
  list = new int[9];
  screen.setColor(new Color(0, 64, 128));
  screen.fillRect(84, 129, 333, 50);
  int cash = notebook.getCash();
  int[] value = {1, 4, 20, 100, 400, 2000, 10000, 40000,
      200000};
  int[] limit = {0, 5, 25, 125, 525, 2525, 12525, 52525,
      252525};
  for (int i = 8; i >= 1; i--) {
    int counter = 0;
    while (cash - value[i] >= 1 && cash >= limit[i]) {
      cash -= value[i];
      screen.drawImage(coin[i], 84 + i * 37,
          153 - counter * 6, casino);
      counter++;
      list[i]++;
    }
  }
  list[0] = cash;
  for (int i = 0; i < cash; i++) {
    screen.drawImage(coin[0], 84, 153 - i * 6, casino);
  }
  cursor();
}
```

Die beiden Bedingungen in der while Anweisung sorgen für die Umschichtung der Dollarhaufen. In der letzten for Anweisung sind die Nickels dran.

Neben dem normalen Zuweisungsoperator = stellt Java noch erweiterte Zuweisungsoperatoren zur Verfügung. Sie entstehen, indem ein Operator zur Durchführung einer Rechnung vor das Zeichen = gesetzt wird, zum Beispiel -=. Die Anweisung

```
cash -= value[i];
```

ist als Abkürzung für

```
cash = cash - value[i];
```

gedacht. Erweiterte Zuweisungsoperatoren tauchen also auf, wenn der Wert einer Variablen geändert und das erhaltene Ergebnis wieder dieser Variablen zugewiesen werden soll.

10.1.4 Die Halle mit den Slots

In der Halle mit der Klasse Hall sucht sich der Spieler einen Slot aus. Über die Schaltfläche TOUR kann er sich einen Überblick über dessen Merkmale verschaffen, zu denen zum Beispiel die Gewinntafel und die Bonusspiele gehören. Nach einem Klick auf PLAY beginnt das Spiel.

Bild 10.11:
An einem Slot spielen oder die Demo ansehen

Der angehäufte Jackpot DEVILMILLIONS erscheint nur bei Mitgliedern, weil der PC hier online ist. Die Methode getMillions des Communicators liefert den aktuellen Stand. Um die Tausender und die Millionen besser unterscheiden zu können, fügen wir in die Zeichenkette answer Punkte ein. So wird aus 1234434 zum Beispiel 1.234.434.

```
if (notebook.getRegistration()) {
  String answer = new Communicator(notebook).getMillions();
  String dollars = "";
  int counter = 0;
  for (int i = answer.length() - 1; i >= 0; i--) {
    if (counter == 3 || counter == 6) {
      dollars = new String(".").concat(dollars);
    }
```

```
    dollars = new Character(
        answer.charAt(i)).toString().concat(dollars);
    counter++;
  }
  counter = 11 - dollars.length();
  for (int i = 1; i <= counter; i++) {
    dollars = new String(" ").concat(dollars);
  }
  dollars = new String("$ ").concat(dollars);
  display.sketch(148, 46, dollars);
} else {
  if (notebook.getLanguage() == 'E') {
    display.sketch(162, 46, "ONLY ONLINE");
  } else {
    display.sketch(170, 46, "NUR ONLINE");
  }
}
```

Um den Zählerstand von hinten nach vorne aufzurollen, ermitteln wir seine Länge mit der Methode `length` aus der Klasse `String` im Paket `java.lang`. Zum Aneinanderhängen von Zeichenketten gibt es neben dem Operator + noch die Methode `concat`.

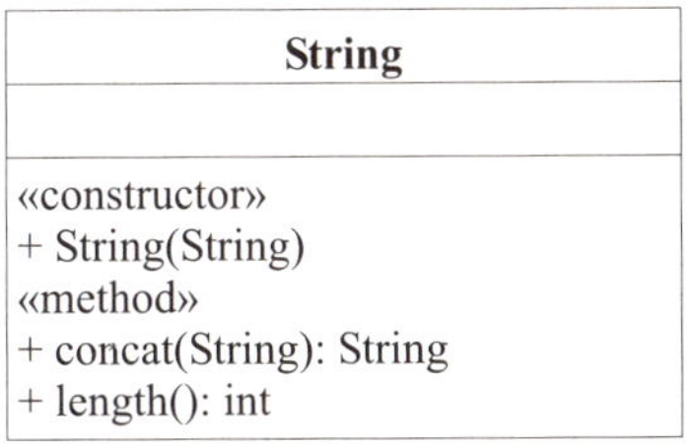

String
«constructor»   + String(String)   «method»   + concat(String): String   + length(): int

Bild 10.12:
UML-Diagramm
von `String`

Anstelle von

`dollars = new String(".").concat(dollars);`

hätten wir auch

`dollars = ".".concat(dollars);`

schreiben können. In der Praxis spielt es häufig keine Rolle, ob eine Zeichenkette direkt durch ein Literal oder über den Konstruktor mit einem Literal erschaffen wird. Es gibt nur einen winzigen Unterschied bei der Speicherverwaltung, der in unserem Casino keine Bedeutung hat.

In der Methode `animate` blinken die Schaltflächen Tour und Play bei den Slots *BigApple* und *Hammer*. Gleichzeitig schaufelt ein Arbeiter an einem Erdhaufen, weil zwei Slots noch nicht geliefert wurden. Für diese Animation sorgt die Methode `worker`, die in der `while` Anweisung zweimal aufgerufen wird.

```
while (<noch keine Schaltfläche betätigt>) {
  <Anweisungen>
  worker();
  <Anweisungen>
  worker();
  <Anweisungen>
}
```

Als Felder in der Klasse `Hall` sind ein Zähler `counter` des Typs `int` und eine Aufstellung `worker` des Typs `Image[]` mit den einzelnen Szenen der Schaufelei eingerichtet.

```
private void worker() {
  if (counter != 8) {
    counter++;
  } else {
    counter = 0;
  }
  screen.drawImage(worker[counter], 173, 179, casino);
  screen.drawImage(worker[counter], 303, 179, casino);
}
```

Eine `if` Anweisung verhindert, dass der Zähler überläuft. Nach dem neunten Bild mit dem Index 8 wird er auf 0 zurückgesetzt.

10.2 An den Slots spielen

Der größte Teil des Quellcodes des Slots *BigApple* entstand im Dezember 1997. Der Slot *Hammer* kam im Februar 1998 hinzu.

Zunächst waren alle Teile der Slots in einem Applet sichtbar, zum Beispiel die Kasse, die Walzen, der Gewinnplan und das Bonusspiel. Allerdings beanspruchte die grafische Oberfläche einen Bildschirm mit 1024 x 768 Pixel.

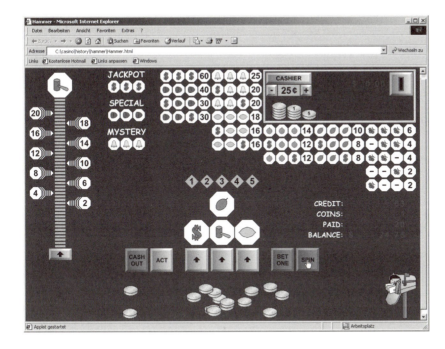

Bild 10.13:
Die ursprüngliche Version von Hammer

Nicht alle Anzeigegeräte sind in der Lage, soviele Pixel anzuzeigen. Fernseher haben zum Beispiel lediglich eine Bildschirmgröße von 768 x 576 Pixel. Weil das Internet in Zukunft auch interaktives Fernsehen ermöglicht, wurde die grafische Oberfläche des Casinos auf 500 x 300 Pixel verkleinert. Die Raumstruktur, die heutzutage bei vielen vernetzten Slots zu finden ist, wurde im Oktober 1998 fertiggestellt.

Beim Betrachten des Quellcodes der Klassen *BigApple* und *Hammer* werden Sie an vielen Stellen sicher Ideen zur Optimierung haben. Weil erneute Testdurchläufe sehr viel Zeit in Anspruch nehmen, wurde auf eine Neustrukturierung des Quellcodes weitgehend verzichtet.

10.2.1 Allgemeine Sloteigenschaften

Die abstrakte Klasse Slot ist von Room abgeleitet und enthält die gemeinsamen Eigenschaften für alle Slots.

Bild 10.14: UML-Diagramm von Slot

Tabelle 10.2: Methoden in Slot

Methode	Bedeutung
check	überprüfen, ob die Mittellinie eine Gewinnkombination anzeigt
decrease	die Zählerstände um den Modus mal die gesetzten Münzen absenken
demo	eine Tour zur Demonstration der Merkmale des Slots durchführen
dollars	den Bonus „play $100 for free $40" abrufen
draw	eine neue Gewinnkombination ziehen
number	eine Zahl für ein Slotsymbol ausspielen

Methode	Bedeutung
jackpot	zahlreiche Gewinnkombinationen im Falle des Jackpots ausspielen
paint	die grafische Oberfläche des Slots kurz vor dem Spielstart gestalten
payout	den Gewinn auszahlen
select	auf eine Aktion des Spielers warten
spin	die Walzen drehen und auf die ausgespielte Gewinnkombination einstellen

Die Methoden decrease und dollars können bereits implementiert werden, weil sie nur mit dem Display, den Zählern und den vererbten Feldern der Klasse Room arbeiten. Alle anderen Methoden sind abstrakt, sodass wir sie erst in den Unterklassen von Slot mit Anweisungen füllen.

10.2.2 Eine Schnittstelle entwickeln

Bei den Slots *BigApple* und *Hammer* erhält der Spieler im Gegensatz zu realen Slots ab und zu die Möglichkeit, die Symbole auf der Mittellinie zu ändern. Bei schrillen Tönen leuchten die Zahlen von 1 bis 5 über den Walzen auf. Nach einem schnellen Klick auf die Schaltfläche ACT bleibt eine Zahl erleuchtet. Mit den Pfeiltasten 🔼 und 🔽 darf der Spieler nun entsprechend oft eine Walze um ein Symbol nach oben oder nach unten drehen.

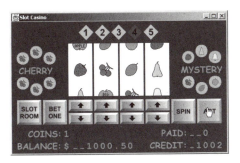

Bild 10.15:
Action bei *BigApple*

Abhängig von der ausgespielten Anzahl ergeben sich im obigen Beispiel verschiedene Gewinnmöglichkeiten.

- Bei der Zahl 1 wird die dritte Walze von links mit der Taste ⌨ um ein Symbol nach oben gedreht. Die beiden Kirschen in der Mitte ergeben einen Punkt auf der Bonustafel CHERRY.

- Bei der Zahl 2 wird die erste Walze zweimal mit der Taste ⌨ nach unten gedreht, sodass zwei Kirschen mit einem Gewinn von 4 Münzen entstehen. Geschickter ist es jedoch, die zweite Walze zweimal mit der Taste ⌨ nach oben zu drehen, um zwei Erdbeeren zu erhalten, die 10 Münzen als Gewinn bringen.

Je größer die ausgespielte Zahl ist, umso mehr Einstellmöglichkeiten gibt es. Viel Zeit zum Einstellen einer Gewinnkombination bleibt nicht. Wenn der Spieler zu langsam kombiniert, wird die Anzahl automatisch heruntergestuft.

Auch bei *Hammer* dürfen die Symbole ab und zu geändert werden.

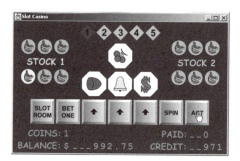

Bild 10.16: Action bei *Hammer*

Mit den Pfeiltasten ⌨ darf der Spieler das Symbol der übergeordneten Walze auf einer der drei Walzen anzeigen. Danach wird auf der übergeordneten Walze ein neues Symbol ausgespielt. Die Anweisungen in der Klasse Hammer könnten nun so gemein sein, immer das Symbol, das gerade ersetzt wurde, auszuspielen. Alle Symbole haben aber die gleiche Wahrscheinlichkeit.

Mit der Möglichkeit, die Symbole auf den Walzen zu ändern, gelangt der Spieler schneller an einen Jackpot. Wenn im letzten Beispiel nur zweimal das Dollar-Symbol ausgespielt wird, wäre der Jackpot bereits da.

Die Demo anschauen!

Über die Schaltfläche TOUR können Sie sich alle Merkmale eines Slots ansehen und die Bonusspiele vorher ausprobieren. Üben Sie ruhig etwas, damit Sie sich später nicht zu oft über Ihre falschen Einstellungen ärgern.

Weil es nicht bei allen Slots vorgesehen ist, Symbole zu manipulieren, wird die zuständige Methode `act` nicht in der Klasse `Slot` selbst eingerichtet. Eine Vererbung zusätzlicher Felder und Methoden ist aber nur über Schnittstellen möglich.

Das Grundgerüst für eine Schnittstelle besteht aus einem Kopf mit ihrer Deklaration und einem Rumpf, in den später statische Feldkonstanten und abstrakte Methoden kommen.

```
<Schnittstellendeklaration> {
    <Felder>
    <Methoden>
}
```

In der Deklaration einer Schnittstelle finden wir häufig die Schlüsselworte `public` und `interface`, hinter denen ihr Name folgt.

Für die Felder und Methoden gelten besondere Regeln.

- Alle Felder sind implizit durch die Schlüsselworte `public`, `static` und `final` gekennzeichnet, sodass auf ihre Angabe verzichtet wird.

□ In den Deklarationen aller Methoden werden automatisch die Schlüsselworte `public` und `abstract` eingefügt. Die Angabe dieser Modifizierer ist also unnötig.

Der Quellcode der Schnittstelle `Action` mit der Methode `act` ist relativ einfach.

```
public interface Action {
  void act();
}
```

Um die Schlüsselworte `public` und `abstract` in der Deklaration von `act` müssen wir uns nicht kümmern.

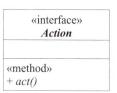

Bild 10.17: UML-Diagramm von `Action`

Das erwähnte Schlüsselwort `final` darf in der Deklaration einer Klasse, eines Feldes und einer Methode auftauchen.

□ Endgültige Klassen dürfen nicht mehr erweitert werden. Zum Beispiel ist die Klasse `String` endgültig, um zu verhindern, dass Programmierer eigene Versionen hiervon ableiten.

□ Endgültigen Feldern dürfen wir nur einmal einen Wert zuweisen, sodass es sich um Konstanten handelt. Die automatische Belegung mit einem Anfangswert wird aber nicht als endgültig betrachtet.

□ Endgültige Methoden dürfen in einer Unterklasse nicht überschrieben werden. Das zugeordnete Verhalten ist also unveränderbar.

10.2.3 Der Slot BigApple

Die Klasse `BigApple` ist von der Klasse `Slot` abgeleitet und implementiert die Schnittstelle `Action`.

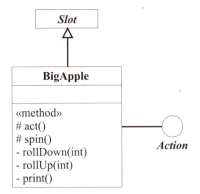

Bild 10.18:
UML-Diagramm
von BigApple

Sie hat somit die Deklaration

`public class BigApple extends Slot implements Action`

Im Quellcode sehen wir uns an, wie die Walzen in den Methoden `spin` und `act` eingestellt werden.

Den Symbolen *Kirsche, Pflaume, Orange, Glocke, Birne, Erdbeere, Apfel* sind die Zahlen von 0 bis 6 zugeordnet. Die Aufstellung `symbol` des Typs `int[][]` enthält die ausgespielten Symbole. Weil jede Walze neben den ganzen Symbolen auf der Mittellinie auch halbe Symbole anzeigt, ist die Aufstellung zweidimensional.

`symbol = new int[4][3];`

Vor dem ersten Spiel erscheint auf der ersten Walze von oben nach unten eine Birne, eine Glocke und eine Orange. In der Methode `init` finden wir daher die Anweisungen

```
symbol[0][0] = 4;
symbol[0][1] = 3;
symbol[0][2] = 2;
```

Die Methode `rollDown` ändert die Symbole in `symbol` auf einer vorgegebenen Walze, indem sie jede Zahl um 1 erhöht. Wenn der Apfel überschritten ist, geht es mit einer Kirsche von vorne los.

```
private void rollDown(int i) {
  for (int j = 0; j <= 2; j++) {
    symbol[i][j]++;
    if (symbol[i][j] == 7) {
      symbol[i][j] = 0;
```

```
      }
    }
    screen.drawImage(bigSymbol[symbol[i][1]][1], 132 + i * 60,
        50, casino);
    screen.drawImage(bigSymbol[symbol[i][2]][1], 132 + i * 60,
        110, casino);
}
```

Die Aufstellung `bigSymbol` des Typs `Image[][]` enthält alle drei Teile der sieben Slotsymbole. `symbol[i][1]` ist das mittlere und `symbol[i][2]` das untere Symbol auf der Walze i. Der Index 1 in `bigSymbol[<Nummer des Symbols>][1]` weist darauf hin, dass ganze Symbole erscheinen.

Um das Rollen der Walzen zu simulieren, arbeiten wir mit einer Zwischeneinstellung. Bei `rollDown` wird eine Walze also um ein halbes Symbol nach unten gedreht.

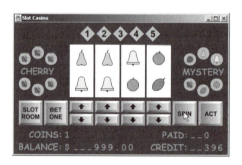

Bild 10.19: Eine Zwischenstufe während der Walzendrehungen

Ähnliches trifft auf die Methode `rollUp` zu. In der Methode `act` dreht der Spieler eine Walze um ein Symbol nach oben oder nach unten. Nachdem wir den Index i der Walze über die Lage der gedrückten Schaltfläche ermittelt haben, wird die Anweisung

`rollUp(i);`

oder

`rollDown(i);`

ausgeführt. Die Walze bewegt sich jetzt um ein halbes Symbol nach unten. Nach einem kurzen Nickerchen

`Casino.snooze(1);`

erscheint die Endposition der Walze mit der Anweisung

`print();`

Die Methode `print` malt alle vier Walzen neu.

```
private void print() {
  for (int i = 0; i <= 3; i++) {
    screen.drawImage(bigSymbol[symbol[i][0]][0],
        132 + i * 60, 50, casino);
    screen.drawImage(bigSymbol[symbol[i][1]][1],
        132 + i * 60, 80, casino);
    screen.drawImage(bigSymbol[symbol[i][2]][2],
        132 + i * 60, 140, casino);
  }
}
```

Die Methode `draw` zieht eine Gewinnkombination. Bei zwei Kirschen in der Mitte wird die Nummer des Gewinns (0), das Symbol auf der zweiten und dritte Walze (jeweils eine Kirsche mit der Nummer 0), der Gewinn (0 Münzen) und ein Fähnchen für die Bonustafel CHERRY im Notizblock eingestellt. Die Methode `rest` spielt die restlichen Symbole auf der ersten und vierten Walze aus, die allerdings nicht beliebig sind. Bei einer Kirsche auf der ersten Walze würde der Manager des Casinos schnell in einen Streit mit dem Spieler geraten, wie der Gewinn zu interpretieren ist.

```
protected void draw() {
  double d = 0.00005;
  double x = Math.random();
  if (x <= 300.0 * d) { // - K K -
    notebook.setIdentity(0);
    notebook.setSecond(0);
    notebook.setThird(0);
    notebook.setProfit(0);
    notebook.setCherry(true);
    rest(true, false, false, true);
  <weitere Fälle für Gewinnkombinationen>
  } else {
    notebook.setProfit(0);
    rest(true, true, true, true);
  }
}
```

Die letzte Kombination ist eigentlich kein Gewinn. Hier werden alle Symbole auf den Walzen ausgespielt, wobei wir in der Methode rest streng darauf achten, dass nicht zufällig ein Gewinn entsteht.

Die Methode spin sorgt für die Drehungen der Walzen. Der Sound *Wheels.au* für Knattergeräusche wird ständig abgespielt. In der ersten for Anweisung drehen wir alle vier Walzen um sieben Symbole weiter. Die while Anweisung sorgt für weitere Drehungen, bis das richtige Symbol auf der ersten Walze erscheint.

```
protected void spin() {
  if (notebook.getAudio()) {
    soundLoader.loop("Wheels.au");
  }
  for (int i = 1; i <= 7; i++) {
    for (int j = 0; j <= 3; j++) {
      rollDown(j);
    }
    casino.repaint();
    Casino.snooze(1);
    if (i == 7 && symbol[0][1] == notebook.getFirst()
        && notebook.getAudio()) {
      soundLoader.play("Ping.au");
    }
    print();
    casino.repaint();
    Casino.snooze(1);
  }
  while (symbol[0][1] != notebook.getFirst()) {
    for (int j = 0; j <= 3; j++) {
      rollDown(j);
    }
    casino.repaint();
    Casino.snooze(1);
    if (symbol[0][1] == notebook.getFirst()
        && notebook.getAudio()) {
      soundLoader.play("Ping.au");
    }
    print();
    casino.repaint();
    Casino.snooze(1);
  }
```

```
  <die restlichen drei Walzen>
  if (notebook.getAudio()) {
    soundLoader.stop("Wheels.au");
  }
}
```

Die anderen Walzen werden nach dem gleichen Verfahren hintereinander angehalten. Zum Schluss stoppen wir noch den Sound *Wheels.au*.

10.2.4 Der Slot Hammer

In der Klasse `Hammer` ist die Prozedur für die Ausgabe der Slotsymbole einfacher. Wir müssen keine Drehungen der Walzen simulieren, sondern die vorhergehenden Symbole lediglich mit den neuen übermalen.

Der Spielablauf steht in der Methode `animate`. Wenn der Spieler auf die Schaltfläche TOUR geklickt hat, liefert `notebook.getDemo()` den Wert `true`, sodass die Methode `demo` ausgeführt wird. Ansonsten gestaltet `paint` die grafische Oberfläche des Slots. Solange der Spieler noch Kredite hat, wird auf seine Reaktion gewartet. Über die Schaltfläche SLOT ROOM gelangt er zur Halle mit den Slots zurück. Nach einem Klick auf SPIN werden mit `decrease` die Zählerstände erniedrigt, mit `draw` eine neue Gewinnkombination gezogen und mit `spin` die Walzen eingestellt.

```
protected void animate() {
  if (notebook.getDemo()) {
    demo();
  } else {
    paint();
    Casino.snooze(32);
    while(notebook.getCredit() != 0) {
      select();
      if (buttonFlag.getFlag(0)) { // SLOT ROOM
        notebook.setState(4);
        break;
      } else if (buttonFlag.getFlag(5)) { // SPIN
        decrease();
        draw();
        spin();
```

```
      if (notebook.getProfit() == 0
          && !notebook.getHammer()) {
        act();
      }
      if (notebook.getHammer()) {
        push();
      }
      payout();
      if (notebook.getPaid() == 0) {
        stock();
      }
      jackpot();
      dollars();
    }
  }
  if (notebook.getCredit() == 0) {
    notebook.setState(3);
  }
 }
}
```

Wenn der Spieler nichts gewonnen hat und das Hammersymbol nicht auf der mittleren Walze steht, wird die Methode `act` aufgerufen. Bei einem Hammersymbol geht es mit dem Bonusspiel weiter, das mit `push` ausgelöst wird. Anschließend findet die Gewinnauszahlung mit `payout` statt. Wenn keine Münzen gewonnen wurden, erscheint eventuell noch der Teufel mit `stock` auf der mittleren Walze und ein Punkt wandert auf eine der beiden Bonustafeln. Zum Abschluss sieht die Methode `jackpot` nach, ob ein Jackpot vorliegt, und `dollars` sorgt für den Bonus „play $100 for free $40". Wenn keine Kredite mehr vorhanden sind, wird der Status des Casinos auf 3 gesetzt, sodass der Spieler automatisch beim Kassierer landet.

Die Schaltfläche TOUR erlaubt es, sich die Tafel mit den Gewinnen des Slots anzusehen. Beim Auftreten einer Gewinnkombination sind wir zur Erinnerung aber so nett, die Symbole und den Wert unter den Walzen anzuzeigen. Dieser Wert wird vor der Auszahlung noch mit der Anzahl der eingesetzten Münzen multipliziert. Im folgenden Beispiel zeigen die Walzen drei Pflaumen mit dem Wert 10 an, sodass 30 Kredite bei einem Einsatz von 3 Münzen ausgezahlt werden.

Bild 10.20:
Den Gewinn anzeigen

Beim Bonusspiel „Hau den Lukas" berücksichtigen wir den Modus, der beim Kassierer eingestellt wurde und auf den Münzen im Gewinnfach sichtbar ist.

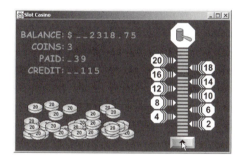

Bild 10.21:
Die Münzauszahlung beim Bonusspiel

Durch einen erneuten Besuch der Kasse kann der Spieler schnell einen anderen Modus auswählen.

11 Grafische Benutzeroberflächen zusammenstellen

In Kapitel 10 sucht sich der Spieler während der Registrierung einen Benutzernamen und ein Passwort aus. In richtigen Casinos genügen diese Daten aber nicht. Wie ein Formular zur Aufnahme einer Adresse entwickelt wird, besprechen wir in diesem Kapitel.

11.1 Etiketten mit Aufschriften

Ein Etikett mit einem einzeiligen Text dient zur Beschriftung von Bedienelementen in grafischen Benutzeroberflächen. Zuständig sind die Klassen `Label` im Paket `java.awt` und `JLabel` im Paket `javax.swing`.

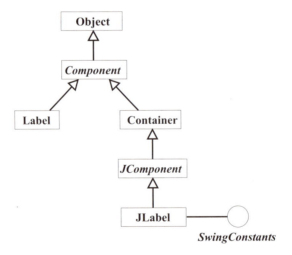

Bild 11.1: Stammbaum der Etiketten

`Label` gehört zum AWT und `JLabel` zu Swing. Die Swing-Versionen vieler Komponenten haben ein vorangestelltes J. Im Gegensatz zum AWT-Etikett darf sich beim Swing-Etikett noch ein kleines Bild neben der Aufschrift befinden.

```
┌─────────────────────────┐
│         Label           │
├─────────────────────────┤
│ + LEFT: int             │
│ + CENTER: int           │
│ + RIGHT: int            │
├─────────────────────────┤
│ «constructor»           │
│ + Label(String, int)    │
└─────────────────────────┘
```

Bild 11.2:
UML-Diagramm
von Label

Die statischen Felder LEFT, CENTER und RIGHT dienen im Konstruktor zur Ausrichtung der Aufschrift. Zum Beispiel erhalten wir mit der Anweisung

```
Label hallo = new Label("Hallo", Label.CENTER);
```

ein Etikett mit der zentrierten Aufschrift "Hallo".

Um ein Etikett in ein Applet zu legen, nutzen wir die Methode add in der Klasse Container. Applets erben die Eigenschaften von Containern.

```
┌─────────────────────────────┐
│         Container           │
├─────────────────────────────┤
│                             │
├─────────────────────────────┤
│ + add(Component): Component │
│ + add(Component, Object)    │
└─────────────────────────────┘
```

Bild 11.3:
UML-Diagramm
von Container

Die Komponenten kommen in einem Container an bestimmte Stellen. Zum Beispiel ist es möglich, alle Komponenten von links nach rechts oder von oben nach unten anzuordnen. Wenn ein Container in verschiedene Bereiche eingeteilt ist, übergeben wir ein Objekt zur Kennzeichnung eines bestimmten Bereichs als zusätzliches Argument.

Ein AWT-Applet hat standardmäßig eine Flussaufmachung. Alle Komponenten werden von links nach rechts angeordnet. Wenn kein Platz mehr vorhanden ist, wird eine neue Reihe begonnen. Im Arbeitsblatt *Label.ws* für ein AWT-Applet stehen die Anweisungen

```
setSize(300, 100);
Label hallo = new Label("Hallo", Label.CENTER);
hallo.setBackground(Color.orange);
add(hallo);
```

Das Etikett kommt mit der ersten Version der Methode add in das Applet. Zum Einstellen einer Hintergrundfarbe dient die Methode setBackground. Ansonsten wäre das Etikett weiß, sodass wir seinen Bereich nicht genau erkennen würden.

Bild 11.4:
Ein Etikett im Applet

11.2 Verschiedene Aufmachungen

Im Arbeitsblatt *FlowLayout.ws* legen wir 13 Etiketten in ein AWT-Applet hinein.

Bild 11.5:
Die Wirkung einer
Flussaufmachung

Die einzelnen Etiketten werden in einer for Anweisung erzeugt.

```
Label[] l = new Label[13];
for (int i = 0; i < 13; i++) {
  l[i] = (Label) add(new Label(new Integer(i + 1).toString(),
      Label.CENTER));
  l[i].setBackground(Color.orange);
}
```

Die Methode add gibt die soeben erschaffene Komponente als Ergebnis zurück, sodass noch ein explizites Casting in ein Label durchgeführt werden muss.

Am Anfang des Arbeitsblattes steht aber noch die Anweisung

```
setLayout(new FlowLayout(FlowLayout.CENTER, 10, 20));
```

zur Festlegung eines neuen Layouts. Die Methode `setLayout` stammt aus der Klasse `Container` und ersetzt das gegenwärtige Layout durch ein neues.

Container
+ getLayout(): LayoutManager   + setLayout(LayoutManager)

Bild 11.6: UML-Diagramm von `Container`

Zur Ermittlung des Layouts eines Containers dient die Methode `getLayout`. Mit dem Operator `instanceof` können wir seinen Typ untersuchen.

Das Arbeitsblatt *InstanceOf.ws* für ein AWT-Applet enthält die Anweisung

`System.out.print(getLayout() instanceof FlowLayout);`

Nach der Ausführung erscheint der Wert `true`, sodass es sich beim standardmäßigen Layout eines AWT-Applets um ein `FlowLayout` handelt.

In einem Arbeitsblatt für ein Swing-Applet erscheint `false`, weil das standardmäßige Layout ein `BorderLayout` ist. Testen Sie das ruhig mal, aber vergessen Sie nicht, das Paket `java.awt` zu importieren, damit der Typ `BorderLayout` überhaupt bekannt ist.

FlowLayout
+ <u>LEFT: int</u>   + <u>CENTER: int</u>   + <u>RIGHT: int</u>
«constructor»   + FlowLayout(int, int, int)

Bild 11.7: UML-Diagramm von `FlowLayout`

Der Konstruktor eines `FlowLayout` verlangt eines der statischen Felder `LEFT`, `CENTER`, `RIGHT` für die Ausrichtung der Reihen, den horizontalen und den vertikalen Abstand zwischen den Komponenten. Zum Beispiel zentriert die Flussaufmachung

`new FlowLayout(FlowLayout.CENTER, 10, 20)`

die Reihen und achtet auf die Abstände 10 und 20 Pixel in horizontale und vertikale Richtung.

Wenn wir das Casino als Applet starten, wird keine Komponente im Applet selbst genutzt, weil die Maloperationen nur auf den Bildpuffer wirken. Bei der Applikation legen wir das Casino allerdings als Applet in ein Fenster. Die Klassen `Frame` und `JFrame` haben standardmäßig ein `BorderLayout`.

Eine Randaufmachung teilt einen Container in einen nördlichen, südlichen, westlichen, östlichen und zentralen Bereich ein. Wenn wir in der Methode `add` keinen bestimmten Bereich angeben, kommt die Komponente in das Zentrum, was wir in der Hauptmethode `main` in der Klasse `Casino` gemacht haben. Wenn keine Komponenten am Rand liegen, dehnt sich das Zentrum bis zu den Rändern des Fensters aus.

Bild 11.8:
UML-Diagramm von
`BorderLayout`

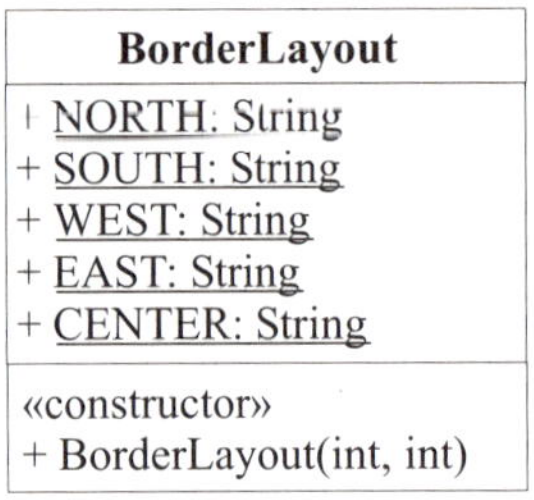

BorderLayout
+ <u>NORTH: String</u> + <u>SOUTH: String</u> + <u>WEST: String</u> + <u>EAST: String</u> + <u>CENTER: String</u>
«constructor» + BorderLayout(int, int)

Der Konstruktor verlangt den horizontalen und vertikalen Abstand zwischen den Komponenten.

Im Arbeitsblatt *BorderLayout.ws* für ein AWT-Applet legen wir ein Etikett in jeden Bereich.

```
setLayout(new BorderLayout(5, 10));
String[] s = {"Norden", "Süden", "Westen", "Osten",
    "Zentrum"};
String[] align = {BorderLayout.NORTH, BorderLayout.SOUTH,
    BorderLayout.WEST, BorderLayout.EAST,
    BorderLayout.CENTER};
for (int i = 0; i < 5; i++) {
  Label l = new Label(s[i], Label.CENTER);
  l.setBackground(Color.orange);
  add(l, align[i]);
}
```

Das Etikett im Zentrum dehnt sich automatisch so weit aus, wie es die Randkomponenten erlauben.

Bild 11.9:
Die Wirkung einer Randaufmachung

11.3 Ein Formular für Benutzerdaten

Bereits bei den ersten Tests mit dem *JLauncher* in Kapitel 2 haben Sie das Formular zur Eingabe einer Adresse kennen gelernt. Sein Quellcode befindet sich im Arbeitsblatt *Address.ws*.

Bild 11.10:
Ein Formular zur Eingabe der Adresse eines Spielers

Eine Fluss- oder eine Randaufmachung ist hier nicht nützlich. Ein GridLayout kann ein Gitter mit gleich großen Zellen erzeugen. Bei einem CardLayout liegen alle Komponenten wie ein Kartenstapel übereinander. Das GridBagLayout löst aber das Problem.

GridBagLayout
«constructor» + GridBagLayout()

Bild 11.11:
UML-Diagramm von GridBagLayout

Ein `GridBagLayout` ist eine gitterförmige Struktur, in dem Komponenten mehrere Zellen überdecken dürfen. Der Konstruktor erhält keine Argumente, sodass die Anzahl der Reihen und Spalten zunächst unbekannt ist. Mit den Feldern eines `GridBagConstraints` geben wir an, wie eine Komponente platziert werden soll.

Bild 11.12:
UML-Diagramm von
`GridBagConstraints`

GridBagConstraints
+ gridx: int
+ gridy: int
+ gridwidth: int
+ gridheight: int
+ weightx: double
+ weighty: double
+ anchor: int
+ fill: int
+ insets: Insets
+ ipadx: int
+ ipady: int
«constructor»   + GridBagConstraints()

Tabelle 11.1:
Felder in
`GridBagConstraints`

Feld	Bedeutung
gridx	x-Index der linken oberen Zelle der Komponente
gridy	y-Index der linken oberen Zelle der Komponente
gridwidth	Anzahl der Zellen in der Breite
gridheight	Anzahl der Zellen in der Höhe
weightx	Gewicht für den Verbrauch des überflüssigen Platzes in der Reihe, Werte von 0.0 bis 1.0
weighty	Gewicht für den Verbrauch des überflüssigen Platzes in der Spalte, Werte von 0.0 bis 1.0
anchor	Ankerplatz der Komponente mit den Feldern CENTER, NORTH, SOUTH, WEST, EAST, NORTHWEST, NORTHEAST, SOUTHWEST, SOUTHEAST
fill	Art der Ausfüllung der Zellen mit den Feldern NONE, HORIZONTAL, VERTICAL, BOTH
insets	unsichtbarer Rahmen, der um die Komponente gelegt wird

Feld	Bedeutung
ipadx	die bevorzugte Größe der Komponente wird in x-Richtung geändert
ipady	die bevorzugte Größe der Komponente wird in y-Richtung geändert

Bei einer Randaufmachung übergeben wir der Methode add zum Beispiel die Zeichenkette BorderLayout.NORTH, um eine Komponente im nördlichen Bereich zu platzieren. Bei einem GridBagLayout nutzen wir ein Objekt des Typs GridBagConstraints, dessen Felder durch Zuweisungen geändert werden können, weil sie öffentlich sind.

Das Formular hat 7 Reihen und 4 Spalten. In der zweiten Reihe liegt zum Beispiel ein Trennstrich. Die Anzahl der Spalten ergibt sich aus der fünften Reihe. Hier liegen zwei Etiketten und zwei Textfelder.

Das Etikett ADRESSE: liegt in der ersten Reihe. Die Felder gridx und gridy erhalten die Indexe 0 und 0 für die linke obere Zelle. Als Breite gridwidth wird das Feld GridBagConstraints.REMAINDER angegeben. Es sorgt dafür, dass alle restlichen Zellen in der Reihe überdeckt werden. Die Anzahl der überdeckten Zellen in vertikale Richtung gridheight ist 1, was für reihenartige Strukturen charakteristisch ist.

Im folgenden ist der Quellcode des Formulars komplett abgedruckt. Sehen Sie sich genau an, wie sich die Felder des Objekts gbc von Komponente zu Komponente ändern.

```
JFrame frame = new JFrame("Formular");
frame.setDefaultCloseOperation(JFrame.EXIT_ON_CLOSE);
frame.setSize(400, 200);
Container c = frame.getContentPane();
c.setLayout(new GridBagLayout());
JLabel l = new JLabel("Adresse:", JLabel.CENTER);
GridBagConstraints gbc = new GridBagConstraints();
gbc.gridx = 0;
gbc.gridy = 0;
gbc.gridwidth = GridBagConstraints.REMAINDER;
```

```
gbc.gridheight = 1;
gbc.fill = GridBagConstraints.BOTH;
c.add(l, gbc);
gbc.gridy = 1;
gbc.insets = new Insets(8, 0, 8, 0);
c.add(new JSeparator(), gbc);
l = new JLabel("Name:   ", JLabel.RIGHT);
gbc.gridx = 0;
gbc.gridy = 2;
gbc.gridwidth = 1;
gbc.insets = new Insets(0, 0, 0, 0);
c.add(l, gbc);
JTextField address = new JTextField();
gbc.gridx = 1;
gbc.gridwidth = GridBagConstraints.REMAINDER;
c.add(address, gbc);
l = new JLabel("Straße:   ", JLabel.RIGHT);
gbc.gridx = 0;
gbc.gridy = 3;
gbc.gridwidth = 1;
c.add(l, gbc);
JTextField street = new JTextField();
gbc.gridx = 1;
gbc.gridwidth = GridBagConstraints.REMAINDER;
c.add(street, gbc);
l = new JLabel("PLZ:   ", JLabel.RIGHT);
gbc.gridx = 0;
gbc.gridy = 4;
gbc.gridwidth = 1;
gbc.weightx = 0.1;
c.add(l, gbc);
JTextField code = new JTextField();
gbc.gridx = 1;
gbc.weightx = 0.2;
c.add(code, gbc);
l = new JLabel("Ort:   ", JLabel.RIGHT);
gbc.gridx = 2;
gbc.weightx = 0.1;
c.add(l, gbc);
JTextField city = new JTextField();
gbc.gridx = 3;
gbc.gridwidth = GridBagConstraints.REMAINDER;
gbc.weightx = 0.6;
c.add(city, gbc);
gbc.gridx = 0;
gbc.gridy = 5;
```

```
gbc.insets = new Insets(8, 0, 8, 0);
c.add(new JSeparator(), gbc);
JButton next = new JButton("Weiter");
gbc.gridx = 0;
gbc.gridy = 6;
gbc.gridwidth = GridBagConstraints.REMAINDER;
gbc.fill = GridBagConstraints.NONE;
gbc.insets = new Insets(0, 0, 0, 0);
c.add(next, gbc);
frame.show();
```

Die Klassen `JSeparator` für Trennstriche, `JTextField` für Textfelder und `JButton` für Schaltflächen finden Sie im Paket `javax.swing`. Um bei einem Klick auf WEITER zu reagieren, müssten wir einen `ActionListener` implementieren.

Um den Trennstrich wird mit `insets` ein Rahmen gelegt. Gewichte geben wir in der fünften Reihe an, damit das Textfeld für den Ort größer als das Textfeld für die PLZ ist. Die Werte 0.1, 0.2, 0.1 und 0.6 ergeben zusammen 1.0, also 100%.

12 Informationen lesen und schreiben

Ohne die Möglichkeit, Informationen dauerhaft auf Datenträgern zu speichern, wären viele Programme nicht denkbar. Zum Beispiel benötigen wir im Casino ein Dateisystem, um die Daten der registrierten Mitglieder zu verwalten. Wie Dateien und Ordner entstehen, erfahren Sie in diesem Kapitel. Auch Lesevorgänge zum Vergleichen von Passwörtern und Schreibvorgänge zur Pflege der Daten spielen eine wichtige Rolle.

12.1 Einen Ordner anlegen

Im Paket `java.io` liegen alle Klassen, die wir zum Arbeiten mit Ordnern und Dateien benötigen. Die Klasse `File` dient zur Kapselung eines Pfades.

Bild 12.1: UML-Diagramm von `File`

File
+ separatorChar: char
«constructor» + File(String) «method» + exists(): boolean + isDirectory(): boolean + isFile(): boolean + length(): long + mkdir(): boolean + mkdirs(): boolean

Der Konstruktor erhält einen Pfad als Zeichenkette. Ob sich ein Ordner oder eine Datei dahinter verbirgt, ist zunächst unbekannt. Daher hat die Erschaffung eines Objekts des Typs `File` keine Auswirkungen auf das Dateisystem des Rechners.

Pfade werden in absoluter und relativer Form gestaltet. Die absolute Form beginnt unter Windows mit dem Laufwerkbuchstaben, zum Beispiel *C:\jdk1.3\jlauncher*. Bei der relativen Form ist der gegenwärtige Arbeitsordner wichtig. Hierbei handelt es sich um den Ordner, in dem ein Programm gestartet wird. Ein Beispiel für einen relativen Pfad ist *license\License.txt*, der nur dann gültig ist, wenn wir das Programm im Ordner *C:\jdk1.3\jlauncher* starten.

Mit der Anweisung

```
File file = new File("club");
```

erschaffen wir einen relativen Pfad zur Kennzeichnung des Ordners oder der Datei *club* im gegenwärtigen Arbeitsordner.

Punkte in relativen Pfaden

Zwei Punkte .. in einem relativen Pfad sorgen dafür, dass wir einen Ordner höher gelangen. Mit *..\bin* begeben wir uns zum Beispiel von *C:\jdk1.3\jlauncher* nach *C:\jdk1.3\bin*. Mit Rückwärts- und Vorwärtsschritten ist es möglich, jeden beliebigen Ordner auf einer Partition zu beschreiben. Der Arbeitsordner selbst wird durch einen Punkt . dargestellt. Eigentlich müsste jeder relative Pfad mit einem Punkt beginnen, zum Beispiel *.\..\bin*. Als Abkürzung darf dieser Punkt aber weggelassen werden.

Die einzelnen Namen in Pfaden werden durch ein Trennzeichen voneinander abgegrenzt. Unter Linux kommt zum Beispiel der Slash / und unter Windows der Backslash \ zum Einsatz. Das statische Feld `separatorChar` enthält automatisch den richtigen Pfadtrenner des Betriebssystems, auf dem das Programm später abläuft.

In der Praxis verwenden wir ein Fragezeichen als Pfadtrenner, das mit der Methode `replace` aus der Klasse `String` durch den richtigen ersetzt wird. Den relativen Pfad zur Datei *Millions.txt* im Ordner *jackpot* erschaffen wir also mit der Anweisung

```
file = new File("jackpot?Millions.txt".replace('?',
    File.separatorChar));
```

Tabelle 12.1:
Methoden in File

Methode	Bedeutung
Exists	prüfen, ob der Pfad zu einem Ordner oder einer Datei führt
IsDirectory	prüfen, ob der Pfad zu einem Ordner führt
IsFile	prüfen, ob der Pfad zu einer Datei führt
Length	die Anzahl der Bytes in der Datei ermitteln
Mkdir	den beschriebenen Ordner anlegen
Mkdirs	alle Ordner im Pfad anlegen

In der Datei *Manager.bat* steht der Befehl `java Manager`. In der Hauptmethode der Klasse `Manager` legen wir den Ordner *club* mit den Benutzerdaten der registrierten Mitglieder und den Ordner *jackpot* mit der Datei *Millions.txt* an, die den angehäuften Jackpot enthält.

Zunächst prüfen wir, ob die Ordner *club* und *jackpot* bereits existieren. Gegebenenfalls werden sie mit der Methode `mkdir` angelegt.

```
File file = new File("club");
if (!file.exists()) {
  file.mkdir();
}
file = new File("jackpot");
if (!file.exists()) {
  file.mkdir();
}
```

240 Informationen lesen und schreiben

Programme nicht von der CD-ROM ausführen

Weil auf einer CD-ROM kein Dateisystem angelegt werden kann, dürfen Sie die Datei *Manager.bat* nur auf der Festplatte ausführen.

12.2 Text in eine Datei schreiben

In der Datei *Millions.txt* soll zunächst eine 0 als Zählerstand für den Jackpot stehen. Eine Datei wird angelegt, indem wir einen schreibenden Strom zu ihr öffnen.

```
file = new File("jackpot?Millions.txt".replace('?',
    File.separatorChar));
if (!file.exists()) {
  try {
    FileWriter writer = new FileWriter(file);
    writer.write("0");
    writer.flush();
    writer.close();
  } catch (IOException e) {
  }
}
```

Im Casino fließen Daten nur in Form von Zeichen, sodass wir die Klassen nutzen, in deren Namen `Reader` und `Writer` auftaucht. Bei `InputStream` und `OutputStream` handelt es sich um Ströme, die Bytes verarbeiten, was zum Beispiel bei Bildern oder Klängen sinnvoll ist.

Die Klasse `FileWriter` ist von der abstrakten Klasse `Writer` abgeleitet. Der Konstruktor verlangt einen Pfad zu einer Datei, wobei es keine Rolle spielt, ob sie existiert oder nicht. Eine bereits vorhandene Datei wird automatisch gelöscht.

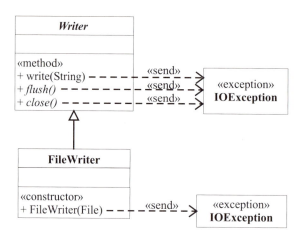

Bild 12.2: UML-Diagramm von `FileWriter`

Die Methode `write` befördert eine Zeichenkette in den Strom. Die Methode `flush` sorgt für seine Entleerung, damit die Zeichenkette ins Ziel gelangt. Mit `close` wird der Strom am Ende geschlossen.

12.3 Mit ganzen Textzeilen arbeiten

Das Gegenstück zum `FileWriter` ist der `FileReader`. Mit ihm können wir Text aus einer Datei lesen. Allerdings bieten beide Klassen nicht die Möglichkeit, mit ganzen Zeilen zu arbeiten, was in der Praxis eine große Bedeutung hat. Die Klassen `BufferedWriter` und `BufferedReader` lösen dieses Problem. Ihre Konstruktoren verlangen einen allgemeinen `Writer` oder `Reader`.

Einen gepufferten Schreiber verketten wir mit einem `FileWriter`.

```
BufferedWriter writer = new BufferedWriter(
    new FileWriter(f));
```

Ein gepufferter Leser wird auf einen `FileReader` aufgesetzt.

```
BufferedReader reader = new BufferedReader(
    new FileReader(f));
```

Intern arbeiten gepufferte Schreiber und Leser mit einer Aufstellung von Zeichen, sodass sie das Zeilenendezeichen leichter aufspüren können.

Die Methode `newLine` in der Klasse `BufferedWriter` schreibt ein Zeilenendezeichen, das wie der Pfadtrenner vom jeweiligen Betriebssystem abhängt.

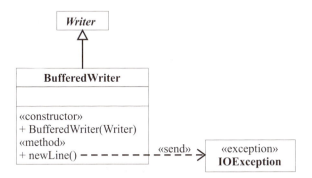

Bild 12.3: UML-Diagramm von `BufferedWriter`

Wenn sich der Spieler im Slotclub registriert, wird die Methode `sign` des `Communicator` aufgerufen.

```
public boolean sign(String username, String password) {
  return Manager.sign(username, password);
}
```

Nun wird die zugehörige statische Methode im `Manager` ausgeführt. Die Zeichenkette "1*0*0*0" bei neuen Mitgliedern steht für 1 Besuch, 0 Schecks, 0 Saldo und 0 Punkte.

```
public static boolean sign(String username,
    String password) {
  boolean b = false;
  File f = new File(("club?" + username + "?"
     + password).replace('?', File.separatorChar));
  if (!f.exists()) {
    f.mkdirs();
    try {
      f = new File(("club?" + username + "?" + password
         + "?Data.txt").replace('?', File.separatorChar));
      BufferedWriter writer = new BufferedWriter(
         new FileWriter(f));
      writer.write("1*0*0*0");
```

```
          writer.flush();
          writer.close();
          b = true;
        } catch (IOException e) {
        }
      }
      return b;
    }
```

Mit der Methode `readLine` in der Klasse `BufferedReader` lesen wir eine ganze Zeile ein, wobei das Zeilenendezeichen wegfällt.

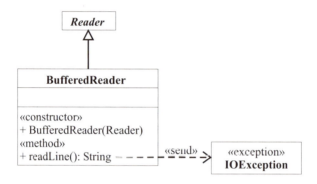

Bild 12.4: UML-Diagramm von `BufferedReader`

Als Beispiel sehen wir uns die Methode `getMillions` an.

```
public static String getMillions() {
  String answer = "0";
  try {
    BufferedReader reader = new BufferedReader(
        new FileReader("jackpot?Millions.txt".replace('?',
          File.separatorChar)));
    answer = reader.readLine();
    reader.close();
  } catch (IOException e) {
  }
  return answer;
}
```

Der `Manager` hält alle Daten der Mitglieder im Gegensatz zu Gästen in separaten Konten fest. Nach dem Login wird ein Mitglied zum Beispiel mit einem Überblick über seine Daten begrüßt.

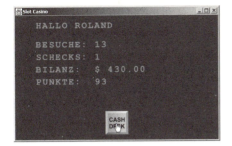

Bild 12.5:
Die Begrüßung
nach dem Login

Auch der Jackpot erscheint nun bei den DEVILMILLIONS.

Bild 12.6:
Der angehäufte Jackpot

Bei einem neuen Bonuspunkt wird gratuliert.

Bild 12.7:
Gratulation bei neuen
Bonuspunkten

13 Zwischen Klient und Server kommunizieren

Um die Daten eines Spielers auf einem fremden Rechner zu speichern, müssen wir das Casino zu einem Klient-Server-Programm erweitern. Der Klient ist das Applet mit den Slots, das Kontakt zu einem Server im Internet aufnimmt, der verschiedene Dienste zur Verfügung stellt. Zum Beispiel liefert er den aktuellen Stand des Jackpots oder registriert ein neues Clubmitglied.

13.1 IP-Adressen und Ports

Um die Dienste eines Servers in Anspruch zu nehmen, müssen wir den Rechner kontaktieren. Jeder Rechner hat im Netzwerk eine eindeutige IP-Adresse (Internet Protocol) mit vier Zahlen zwischen 0 und 255, zum Beispiel 217.1.101.130. Weil sich niemand solche Adressen merken kann, erhalten die Rechner häufig einen symbolischen Namen, zum Beispiel www.jlauncher.com. Die zugehörige IP-Adresse ermittelt der Browser automatisch durch Anfrage bei einem DNS (Domain Name Server).

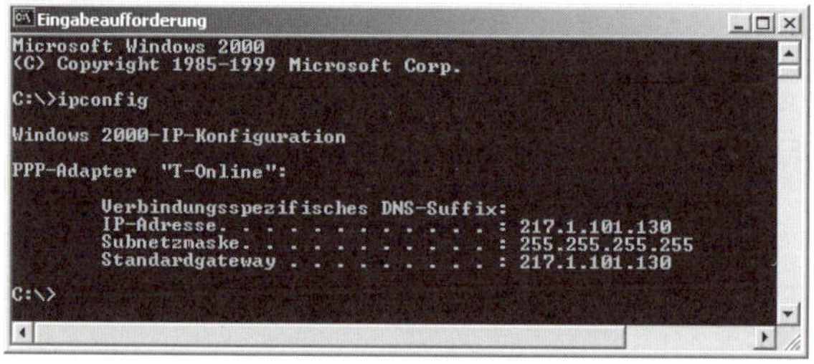

Bild 13.1:
Die IP-Adresse eines Windows-Rechners abfragen

Unter Windows genügt der Befehl `ipconfig`, damit die IP-Adresse des gegenwärtigen Rechners erscheint. Viele Nutzer des Internets erhalten bei der Einwahl ins Netzwerk von ihrem Serviceprovider eine dynamische IP-Adresse. Nach der Abwahl wird diese Adresse einem anderen Benutzer zugewiesen. Auch bei einer Flatrate erfolgt meistens spätestens nach 24 Stunden eine „technisch bedingte Abschaltung".

Einen Server können Sie sich wie einen Hafen vorstellen. Ein Klient auf einem lokalen Rechner schickt ein Schiff mit einer Anfrage über das Netzwerk los. Es findet den Server über die IP-Adresse des fremden Rechners und legt an einem vorher bekannten Port mit einer Nummer zwischen 0 und 65535 an.

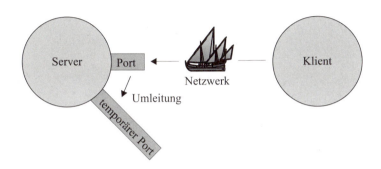

Bild 13.2:
Anfragen bei einem Server bearbeiten

Damit die Warteschlange nicht zu lang ist, wird jedes Schiff nach der Ankunft an einen vorübergehenden Port umgeleitet, wo es mit der Antwort auf die Anfrage beladen wird. Anschließend fährt das Schiff zum Klienten zurück.

In der Datei *Reception.bat* steht der Befehl

```
java Reception 3491
```

zum Starten des Servers `Reception`. Er bearbeitet die Anfragen von Klienten am Port 3491.

Um die Rezeption des Casinos über den `Communicator` zu kontaktieren, müssen wir die IP-Adresse des Rechners mit dem Server und den Port als Parameter übergeben. Daher steht in der der Datei *Application.bat* der Befehl

```
java Casino on 127.0.0.1 3491
```

Die IP-Adresse des gegenwärtigen Rechners ist standardmäßig 127.0.0.1, sodass wir den Server und den Klienten auf einem einzigen Rechner ausprobieren. Wie die beiden Teile im Netzwerk getrennt werden, erfahren Sie am Ende dieses Kapitels.

Im Gegensatz zu Kapitel 12 funktioniert die Pflege der Benutzerdaten nun auch beim Starten des Casinos über die Datei *Applet.bat*. Weil ein Applet wegen der Sicherheitseinschränkungen nicht auf die lokale Festplatte zugreifen darf, ensteht eine `AccessControlException` beim Lesen oder Schreiben. Die Kommunikation mit einem Server des Rechners, auf dem der Bytecode des Applets liegt, ist aber erlaubt, sodass keine Ausnahmen entstehen.

Die Parameter erhält das Applet über die Webseite *Casino.html*.

```
<APPLET code="Casino.class" width="500" height="300">
  <PARAM name="sound" value="on">
  <PARAM name="host" value="127.0.0.1">
  <PARAM name="port" value="3491">
</APPLET>
```

Im Notizbuch richten wir die Felder `port` und `host` ein. Mit den Anweisungen

```
notebook.setHost(getParameter("host"));
notebook.setPort(getParameter("port"));
```

in der Methode `init` und

```
casino.getNotebook().setHost(args[1]);
casino.getNotebook().setPort(args[2]);
```

in der Methode `main` stehen die Adressinformationen des Servers jederzeit zur Verfügung.

13.2 Anschlüsse am Klient und am Server

Zunächst richten wir das Notizbuch im `Communicator` als Feld ein, um an den Host und den Port des Servers heranzukommen. In der Methode `getMillions` leiten wir die Anfrage an `getAnswer` weiter.

```
public String getMillions() {
  return getAnswer("getMillions");
}
```

Jetzt öffnen wir einen Anschluss mit den Adressinformationen des Servers.

```
private String getAnswer(String command) {
  String answer = null;
  try {
    Socket socket = new Socket(notebook.getHost(),
        Integer.parseInt(notebook.getPort()));
    <Anweisungen zur Bearbeitung der Anfrage>
    socket.close();
  } catch (IOException e) {
  }
  return answer;
}
```

Die Klasse Socket liegt im Paket java.net.

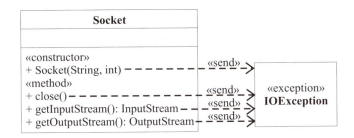

Bild 13.3:
UML-Diagramm von Socket

Methode	Bedeutung
close	den Anschluss schließen
getInputStream	den Eingabestrom zum Lesen ermitteln
getOutputStream	den Ausgabestrom zum Schreiben ermitteln

Tabelle 13.1: Methoden in Socket

Die Methoden getInputStream und getOutputStream liefern den Eingabestrom und den Ausgabestrom des Anschlusses. Bevor wir eine Anfrage abschicken und eine Antwort erhalten, sehen wir uns noch den Anschluss auf der Serverseite an. Hierfür gibt es die Klasse ServerSocket im Paket java.net, dessen Konstruktor einen Port verlangt.

Bild 13.4:
UML-Diagramm von
ServerSocket

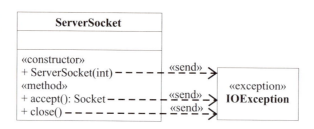

Mit der Methode accept wird die Anfrage eines Klienten angenommen und zur Bearbeitung an einen temporären Port weitergeleitet. Der zugehörige Anschluss wird als Ergebnis geliefert. Mit den Methoden getInputStream und getOutputStream erhalten wir die Ströme des Anschlusses auf der Serverseite. Nach der Bearbeitung der Anfrage schließen wir den Anschluss mit close.

Die Klasse Reception ist von ServerSocket abgeleitet. Im Konstruktor rufen wir den Superkonstruktor auf. Die IOException wird hinter dem Schlüsselwort throws in der Deklaration des Konstruktors angegeben. In der Hauptmethode erschaffen wir eine Reception mit dem Port args[0] und rufen die Methode start auf. Wenn der Server bereits läuft, entsteht eine IOException.

```
public class Reception extends ServerSocket {
  public Reception(int port) throws IOException {
    super(port);
  }
  public static void main(String[] args) {
    if (args.length == 1) {
      try {
        new Reception(Integer.parseInt(args[0])).start();
      } catch (IOException e) {
        System.out.print("Could not listen on port "
            + args[0] + ".");
        System.exit(0);
      }
    } else {
      System.out.print("A port is missing.");
    }
  }
  public void start() {
    Manager.main(null);
    while (true) {
```

```
      try {
        Socket socket = accept();
        <Anweisungen zur Bearbeitung der Anfrage>
        socket.close();
      } catch (IOException e) {
      }
    }
  }
}
```

In der Methode `start` werden die Verzeichnisse `club` und `jackpot` angelegt, falls dies noch nicht geschehen ist. Weil die Hauptmethode von `Manager` keine Argumente benötigt, geben wir `null` an. In einer unendlichen `while` Anweisung warten wir auf Anfragen.

13.3 Daten über Anschlüsse senden

Die Kommunikation zwischen Klient und Server erfolgt über die Ströme der Anschlüsse. Der Ausgabestrom des Anschlusses am Klienten ist mit dem Eingabestrom des Anschlusses am Server verbunden. Ähnliches trifft auf den Eingabestrom des Anschlusses am Klienten und den Ausgabestrom am Anschluss des Servers zu.

Objekte der Typen `InputStream` und `OutputStream` sind Ströme, in denen Bytes fließen. Um sie für Zeichen zu nutzen, ist ein `InputStreamReader` und ein `OutputStreamWriter` erforderlich.

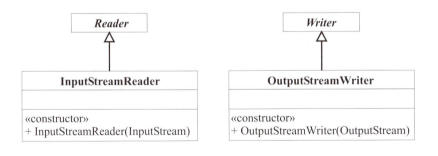

Bild 13.5: UML-Diagramme von `InputStreamReader` und `OutputStreamWriter`

In der Methode `getAnswer` des `Communicator` auf der Klientseite verketten wir zum Lesen einen `BufferedReader`, `InputStreamRea-`

der und `InputStream`. Zum Schreiben fügen wir einen `Buffered-Writer`, `OutputStreamWriter` und `OutputStream` zusammen.

```
BufferedReader reader = new BufferedReader(
    new InputStreamReader(socket.getInputStream()));
BufferedWriter writer = new BufferedWriter(
    new OutputStreamWriter(socket.getOutputStream()));
writer.write(command);
writer.newLine();
writer.flush();
answer = reader.readLine();
writer.close();
reader.close();
```

Die Anfrage `command` schreiben wir in den `writer` und fügen ein Zeilenendezeichen hinzu. Die Antwort des Servers liefert anschließend die Methode `readLine`.

Auch in der Methode `start` der Klasse `Reception` auf der Serverseite öffnen wir die beiden Ströme des Anschlusses. Ein `StringTokenizer` sorgt für die Zerlegung der Anfrage `reader.readLine`.

```
BufferedReader reader = new BufferedReader(
    new InputStreamReader(socket.getInputStream()));
BufferedWriter writer = new BufferedWriter(
    new OutputStreamWriter(socket.getOutputStream()));
StringTokenizer tokenizer = new StringTokenizer(
    reader.readLine(), "*", false);
String command = tokenizer.nextToken();
<Behandlung der einzelnen Fälle>
} else if (command.equals("getMillions")) {
    writer.write(Manager.getMillions());
<Behandlung der einzelnen Fälle>
writer.newLine();
writer.flush();
reader.close();
writer.close();
```

Die einzelnen Fälle `cheque`, `login`, `logout`, `getMillions`, `replace` und `sign` werden in einer `if` Anweisung behandelt. Zum Beispiel liefert die Methode `getMillions` des Managers den angehäuften Jackpot, der in den Ausgabestrom `writer` mit einem Zeilenendezeichen kommt.

Auf der CD-ROM finden Sie das fertige Casino in den Ordnern *slottery/au* und *slottery/wav*. Um als Mitglied an den Slots zu spielen, muss es über die Datei *Application.bat* gestartet werden, weil ein Server auf einem Rechner im Internet kontaktiert wird.

Im Unterordner *au* liegen die Klänge im qualitätsarmen AU-Format vor. Erst seit der Version 1.2 des Java 2 SDK dürfen Klänge auch im WAV-Format abgespielt werden. Zur WAV-Version des Casinos gelangen wir, indem wir am Anfang der Methode `getAudioClip` in der Klasse `Casino` die Zeile

```
name = name.substring(0, name.indexOf('.')) + ".wav";
```

einführen und alles neu kompilieren. Die Dateiendung *.au* wird hier vom Namen der Datei abgespalten und die neue Endung *.wav* angehängt.

Die Klassen *Reception.class* und *Manager.class* liegen auf dem Webserver des Fachbereichs Mathematik an der Universität Siegen im Verzeichnis

```
www.math.uni-siegen.de/willms/jlauncher/slottery
```

Das Betriebssystem auf diesem Rechner ist Solaris, sodass der Server mit dem Befehl

```
java Reception 3491 &
```

gestartet wird. In der Datei *Application.bat* steht der Befehl

```
java Casino on www.math.uni-siegen.de 3491
```

Die Klasse `Socket` löst den symbolischen Namen automatisch auf. Damit niemand einen Blick in den Ordner *club* mit den Daten der Spieler werfen kann, werden die Zugriffsrechte angepasst.

```
chmod 700 club
```

Als Applet kann das Casino nur genutzt werden, wenn alle Dateien auf dem obigen Server liegen. Auf der Webseite *Casino.html* ersetzen wir `127.0.0.1` dann durch `www.math.uni-siegen.de`.

14 Interaktive Landkarten aufbauen

Als abschließendes Beispiel entwickeln wir eine Klasse für eine Landkarte mit Icons, bei denen Bilder oder Videos hinterlegt sind. Nach einem Klick auf ein solches Icon erscheint das Bild in einem eigenen Fenster oder das Video wird abgespielt. Sie erfahren auch, wie die einzelnen Teile des Applets in einem Archiv zusammengefasst werden.

14.1 Ein Bild auf eine Leinwand malen

Bevor wir mit der Entwicklung der Landkarte starten, benötigen wir ein Fenster, das ein Bild anzeigen kann. Bei einem Applet haben wir die Methode `paint` überschrieben und das Bild auf die Grafik gemalt. Bei einem Fenster ist das nicht so ohne weiteres möglich, weil sie zum Beispiel auch für den Rahmen mit der Titelleiste zuständig ist. Am einfachsten ist es, uns eine eigene Komponente für ein Bild zu gestalten. Im Paket `java.awt` gibt es zu diesem Zweck die Klasse `Canvas`, die von `Component` abgeleitet ist.

Standardmäßig werden die Komponenten in einem Fenster durch ein `BorderLayout` angeordnet. Um ihre Größe zu erfahren, ruft der Verwalter des Layouts die Methode `getPreferredSize` auf. Sie wird von der Klasse `Component` vererbt und muss sinnvoll überschrieben werden.

Bild 14.1:
UML-Diagramm
von `Image`

Image
«method» + *getWidth(ImageObserver): int* + *getHeight(ImageObserver): int*

Die Größe eines Bildes erhalten wir mit den Methoden `getWidth` und `getHeight` in der Klasse `Image`, die einen `ImageObserver` verlangen. Jede Komponente ist ein Bildbeobachter, sodass wir mit der Referenz `this` auf die gegenwärtige Leinwand verweisen.

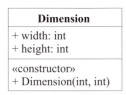

Bild 14.2:
UML-Diagramm
von `Dimension`

Die Bildgröße kapseln wir in einer `Dimension`, um nicht mit dem Rückgabetyp von `getPreferredSize` in Konflikt zu geraten.

```
new Dimension(photo.getWidth(this), photo.getHeight(this))
```

Die Strategie für eine eigene Komponente mit einem Bild ist nun klar. Wir leiten die Klasse `ImageCanvas` von `Canvas` ab und übergeben dem Konstruktor ein Foto zur Weitergabe ans Feld `photo`.

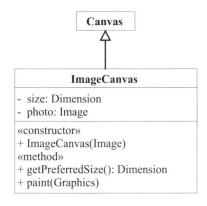

Bild 14.3:
UML-Diagramm von
`ImageCanvas`

Mit der `Dimension` des Bildes initialisieren wir das Feld `size`, das von der Methode `getPreferredSize` zurückgegeben wird. In der Methode `paint` malen wir das Bild auf die Grafik der Leinwand.

```
import java.awt.*;
public class ImageCanvas extends Canvas {
    private Dimension size;
    private Image photo;
    public ImageCanvas(Image photo) {
```

Ein Bild auf eine Leinwand malen **255**

```
    size = new Dimension(photo.getWidth(this),
        photo.getHeight(this));
    this.photo = photo;
  }
  public Dimension getPreferredSize() {
    return size;
  }
  public void paint(Graphics g) {
    g.drawImage(photo, 0, 0, this);
  }
}
```

14.2 Ein Fenster mit einem Bild öffnen

Wenn wir auf der Karte von Las Vegas auf ein Icon klicken, hinter dem sich ein Bild verbirgt, erscheint ein Fenster. Um Tag- und Nachtaufnahmen besser miteinander vergleichen zu können, soll es gestattet sein, mehrere Bilder gleichzeitig zu öffnen.

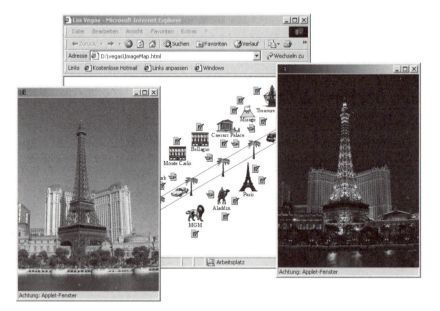

Bild 14.4:
Zwei gleichzeitig
geöffnete Fenster

Um darauf hinzuweisen, dass die Fenster von einem Applet geöffnet wurden, erscheint automatisch die Nachricht ACHTUNG: APPLET-FENSTER in der Statuszeile.

In Kapitel 6 haben wir bereits mit der Klasse `JFrame` von Swing gearbeitet, um das Casino in einem eigenen Fenster anzuzeigen. In der Klasse `Frame` des AWT gibt es keine Methode `setDefaultCloseOperation`, um anzugeben, was passieren soll, wenn es vom Benutzer geschlossen wird. Daher müssen wir uns die Schnittstelle `WindowListener` ansehen.

```
«interface»
WindowListener

«method»
+ windowOpened(WindowEvent)
+ windowClosing(WindowEvent)
+ windowClosed(WindowEvent)
+ windowActivated(WindowEvent)
+ windowDeactivated(WindowEvent)
+ windowIconified(WindowEvent)
+ windowDeiconified(WindowEvent)
```

Bild 14.5:
UML-Diagramm von `WindowListener`

Methode	Bedeutung
WindowOpened	reagieren, wenn das Fenster geöffnet wird
WindowClosing	reagieren, bevor sich das Fenster schließt
WindowClosed	reagieren, wenn das Fenster geschlossen ist
WindowActivated	reagieren, wenn das Fenster aktiviert wird
WindowDeactivated	reagieren, wenn ein anderes Fenster aktiviert wird
WindowIconified	reagieren, wenn das Fenster auf die Taskleiste kommt
WindowDeiconified	reagieren, wenn das Fenster von der Taskleiste zurückgeholt wird

Tabelle 14.1:
Methoden in `WindowListener`

Über die Klassen `Component` und `Window` erbt ein `Frame` bereits einige wichtige Methoden, die wir für ein `ImageFrame` benötigen.

Bild 14.6:
UML-Diagramm
von `Frame`

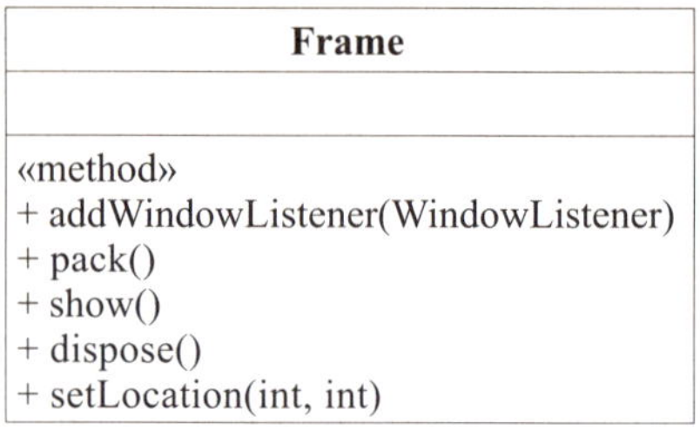

Frame
«method» + addWindowListener(WindowListener) + pack() + show() + dispose() + setLocation(int, int)

Tabelle 14.2:
Methoden in `Frame`

Methode	Bedeutung
`addWindowListener`	das Fenster bei einem `WindowListener` registrieren
`pack`	bei allen Komponenten im Fenster nachfragen, wie groß sie sein möchten, und danach die Größe des Fensters berechnen
`show`	das Fenster am Bildschirm anzeigen
`dispose`	das Fenster vom Bildschirm wegnehmen
`setLocation`	den Ort der linken oberen Ecke festlegen

Im Gegensatz zu einem `JFrame` ist ein `Frame` nicht mehrschichtig aufgebaut. Daher werden die einzelnen Komponenten mit der Methode `add` direkt dem Fenster zugeordnet. Bei einem `JFrame` müssen wir vorher den `Container` mit `getContentPane` ermitteln.

Um ein Fenster auf dem Bildschirm zu zentrieren, ist die Klasse `Toolkit` nützlich. Ein Objekt dieses Typs erhalten wir mit der statischen Methode `getDefaultToolkit`.

Bild 14.7:
UML-Diagramm
von `Toolkit`

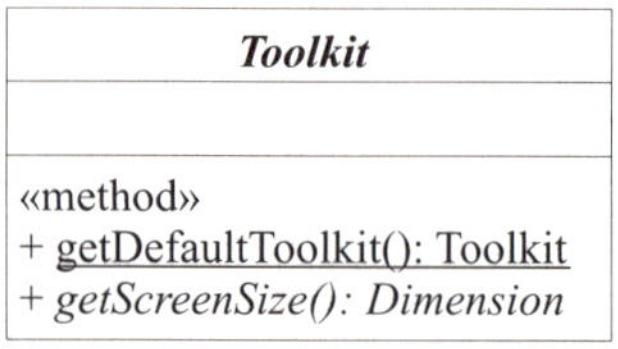

Toolkit
«method» + <u>*getDefaultToolkit(): Toolkit*</u> + *getScreenSize(): Dimension*

Nach der Ermittlung der Größe des Bildschirms ist es kein Problem mehr, die Lage des Fensters zu berechnen. Seine eigene Größe liegt allerdings erst nach dem Aufruf der Methode pack fest.

```
import java.applet.*;
import java.awt.*;
import java.awt.event.*;
public class ImageFrame extends Frame implements
    WindowListener {
  public ImageFrame(Image photo) {
    addWindowListener(this);
    add(new ImageCanvas(photo));
    pack();
    Toolkit kit = Toolkit.getDefaultToolkit();
    Dimension size = kit.getScreenSize();
    setLocation((size.width - getSize().width) / 2,
        (size.height - getSize().height) / 2);
    show();
  }
  public void windowActivated(WindowEvent e) {
  }
  public void windowClosed(WindowEvent e) {
  }
  public void windowClosing(WindowEvent e) {
    dispose();
  }
  public void windowDeactivated(WindowEvent e) {
  }
  public void windowDeiconified(WindowEvent e) {
  }
  public void windowIconified(WindowEvent e) {
  }
  public void windowOpened(WindowEvent e) {
  }
}
```

Die meisten Methoden des WindowListener spielen bei uns keine Rolle. In windowClosing lassen wir das Fenster mit dispose vom Bildschirm verschwinden.

Ein Fenster mit einem Bild öffnen **259**

14.3 Icons auf eine Landkarte setzen

In der Klasse `ImageMap` geschieht nichts Aufregendes mehr. Sie ist von `Applet` abgeleitet und implementiert die Schnittstellen `MouseListener` zur Reaktion auf Mausklicks, `MouseMotionListener` zur Änderung des Mauszeigers beim Betreten oder Verlassen eines aktiven Bereichs und `Runnable`, um Lämpchen hinter den Icons an und aus zu schalten.

Um Fotos und Videos voneinander zu unterscheiden, gibt es die statischen Felder `PHOTO` und `VIDEO`. Bei `type`, `x`, `y` und `name` handelt es sich um Aufstellungen für den Typ, die Koordinaten der linken oberen Ecke und der Datei eines Icons. Mit der Methode `addPhoto` setzen wir ein Icon für ein Foto auf die Karte. Die Variable `index` enthält die nächste Platznummer für die Aufstellungen.

```
public void addPhoto(int x, int y, String name) {
  type[index] = PHOTO;
  this.x[index] = x;
  this.y[index] = y;
  this.name[index] = name;
  index++;
}
```

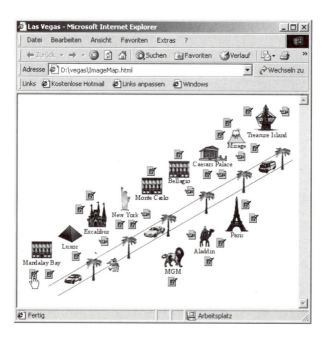

Bild 14.8: Blinkende Icons für Fotos und Videos

Am Ende der Methode start starten wir einen Strang.

```
public void start() {
  addPhoto(11, 276, "MandalayBay1.jpeg");
  <weitere Icons>
  Thread thread = new Thread(this);
  thread.start();
}
```

Eine unendliche Schleife in der Methode run sorgt nach einer kurzen Pause für die Auffrischung der grafischen Oberfläche.

```
public void run() {
  while (true) {
    <Nickerchen>
    repaint();
  }
}
```

Mit der Variablen on steuern wir die Lämpchen hinter den Icons. Der Bildpuffer buffer verhindert ein Flackern der Karte.

```
public void paint(Graphics g) {
  for (int i = 0; i < 26; i++) {
    if (type[i] == PHOTO) {
      if (on) {
        screen.drawImage(jpeg[1], x[i], y[i], this);
      } else {
        screen.drawImage(jpeg[0], x[i], y[i], this);
      }
    } else {
      <Anweisungen für Videos>
    }
  }
  on = !on;
  g.drawImage(buffer, 0, 0, this);
}
```

In der Methode mousePressed finden wir die Nummer i des angeklickten Icons heraus. Bei einem Foto öffnen wir ein ImageFrame mit dem Bild photo.

```
if (type[i] == PHOTO) {
  Image photo = getImage(getCodeBase(), name[i]);
  <Bild mit einem MediaTracker verfolgen>
```

```
      ImageFrame frame = new ImageFrame(photo);
    } else {
      try {
        getAppletContext().showDocument(new URL(getCodeBase(),
            name[i]), "_blank");
      } catch (MalformedURLException ex) {
      }
    }
```

Bei einem Video ermitteln wir den Kontext mit `getAppletContext` und reichen die `URL` des Videos mit `showDocument` an den Browser weiter. Dieser Vorgang wirkt wie der Aufruf eines Links. Um zu verhindern, dass die Karte von Las Vegas durch das Video ersetzt wird, geben wir als Ziel "_blank" an. Das Video erscheint nun in einem neuen Browserfenster.

Bild 14.9:
UML-Diagramm von
`AppletContext`

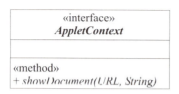

Die Handhabung von Videos hängt vom Browser ab. Der *Microsoft Internet Explorer* ruft zum Beispiel den *Media Player* auf.

Bild 14.10:
Ein Video wird
abgespielt

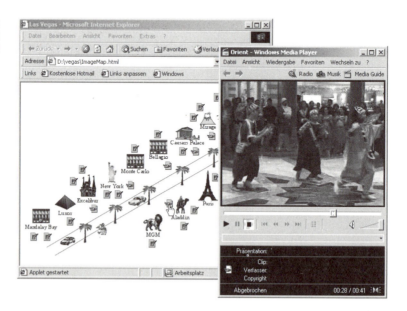

14.4 Archive zusammenstellen

Neben den Tools `javac`, `java` und `appletviewer` gibt es noch `jar` zur Erzeugung eines Archivs mit einem Java-Programm.

```
jar <Optionen> <Archivname> <Ordner und Dateien>
```

Um zum Beispiel die acht Dateien *ImageCanvas.class*, *ImageFrame.class*, *ImageMap.class*, *JPEG0.gif*, *JPEG1.gif*, *LasVegas.gif*, *MPEG0.gif* und *MPEG1.gif* zur Gestaltung der Karte von Las Vegas ins Archiv *ImageMap.jar* zu packen, führen wir den Befehl

```
jar -cvfM ImageMap.jar *.class *.gif
```

aus, der in der Datei *Archive.bat* steht. Für das Einpacken eines Archivs sorgt die Option c. Ein x dient zum Entpacken.

Archive haben den Vorteil, dass sich der Browser alle Teile eines Applets mit einer Transaktion holen kann. In der Klasse `ImageFrame` müssen wir die Bilder nun aber als Ressourcen laden.

```
Image background = getImage(
    getClass().getResource("LasVegas.gif"));
```

Damit der Browser weiß, wo er die Klasse `ImageFrame` suchen soll, die im `<APPLET>`-Tag beim Attribut `code` angegeben ist, steht auf der Webseite *ImageMap.html* das Attribut `archive="ImageMap.jar"`.

Auf die Größe des Archivs achten

Bei der Karte von Las Vegas werden die Fotos nicht ins Archiv gepackt, sonst müsste der Browser einen ziemlich langen Download durchführen, was interessierte Besucher schnell vergrault.

Index

A

abstract 144
abstrakt 144
Animationen 78
Anweisung 46, 56
API 100
Applet 53, 103, 132, 152
Applet Viewer 169
AppletContext 165
AppletStub 165
Applikation 152, 160
Arbeitsblatt
    AWT-Applet 55
    Klasse 109
Arbeitsordner 168
Archiv 263
Argument 62, 116
asynchron 107
Attribut 154
AudioClip 123, 131
Aufstellung 67, 72
Ausdruck 46
AWT 55, 161
AWT-Thread 190, 195

B

Bauplan 37
Bedingung 87
Bezeichner 41
Bildersammlung 64
boolean 87
BorderLayout 232
break 201
BufferedReader 244
BufferedWriter 243
byte 90
Bytecode 111

C

Canvas 254
CardLayout 233
case 200
Casting 124
catch 90
char 137
Character 147
Color 57
Compiler 111, 169
Component 91, 106, 175, 176, 185
Container 157, 164, 229, 231
CropImageFilter 106
Cursor 186

D

Datei 238
Datenkapselung 113
default 200
Deklaration
    Klasse 108, 111
    Konstruktor 116
    Methode 119
deprecated 173
Dimension 164, 255

DNS 246
Dokumentation 98
double 39

E

Eigenschaften 39
else 94
else-if 139
endgültig 146
Enumeration 126
Ereignis 194
Etikett 228
explizit 125
extends 129

F

false 87
Feld 47, 112
File 168, 238
FileReader 242
FileWriter 241
Film 92
FilteredImageSource 106
final 146, 220
Flackerei 174
Fließkommazahlen 39
FlowLayout 231
Flussdiagramm 70
Flusskontrolle 70
for 69
Frame 161, 257

G

geschützt 144
gif 63
global 117, 122

Graphics 62
GridBagConstraints 234
GridBagLayout 233
GridLayout 233

H

Hashtable 79, 123
Hauptmethode 161
HTML 154

I

if 87
Image 106, 175, 254
ImageFilter 107
ImageLoader 64, 112
ImageObserver 66, 130
implements 129
implizit 125
importieren 60, 81
InputStream 241
InputStreamReader 251
instanceof 231
int 39, 90
Integer 147
interface 219
Interpreter 169
InterruptedException 90, 105
IP-Adresse 246

J

J2SE 16
James Gosling 2
jar 99, 263
Java 2
Java-Konsole 189
JButton 237

Index **265**

JFrame	161
JLabel	228
JLauncher	24
Joe	2
jpeg	63
JRE	16
JSeparator	237
JTextField	237

K

Klang	79
Klasse	37, 108
Kommentar	140
Komponente	161
Konsole	99
Konstante	170
Konstruktor	40
Kontext	165
Koordinate	51

L

Label	228
Ladeprozess	104
Länge	
einer Aufstellung	133
Layout	164
Lebenslauf	156
length	133
logische Operatoren	191
lokal	117, 122
long	90

M

main	161
Math	81
Mauszeiger	185

MediaTracker	104
Mehrfachvererbung	129
Methode	43, 119
MouseEvent	196
MouseListener	195
MouseMotionListener	196
Müllabfuhr	115
Multithreading	170

N

Negation	188
new	41
Nickerchen	90, 173
null	115, 165
NullPointerException	165
Nullreferenz	115

O

Oberklasse	127
Objekt	36, 113
öffentlich	39, 113
Opfer	45
Ordner	238
OutputStream	241
OutputStreamWriter	251

P

Paket	61
Parameter	154
Pause	173
Pfad	65, 238
Pfadtrenner	239
Pixel	50
png	63
Port	247
primitiv	49

PrintStream 85
Priorität 193
privat 39, 113
private 119
protected 145
public..119
Puffer..174

R

Reader...241
referenzierend 49
Registrierung 195
Ressource...263
RGB-Farbmodell 57
Runnable 170

S

Sandkasten...153
Schnittstelle.......................129, 170, 219
SDK..16
Server...247
ServerSocket...249
short...90
Sicherheit..160
Signatur..133
Slottery 3
Socket 249
Sound...78
SoundLoader 79, 123
Stammbaum..126
Standardkonstruktor 135
static 151
statisch...81
Strang...170
String.........................141, 156, 213, 239
StringTokenizer.....................................207
Suchpfad 21

super...134, 135
Swing 55, 161
switch..200
System 84

T

Täter...45
this..57, 117, 122, 135
Thread 89, 170, 171
Toolkit 166, 258
Trennzeichen...168
true 87
try 90

Ü

überladen 138
überschreiben 133
UML 37
Umwandlung 124
unendliche Schleife 89
Unicode 137
Unterklasse...127
URL 103, 165, 168

V

Variable 41
   global...117
   lokal 117
Vererbung 54, 127, 151
Vergleichsoperator 87
Verknüpfungsoperator 168
Versionsnummer 167
Video..262

Index **267**

W

Webseite 153
while 88
WindowListener 257
Writer 241

Z

Zeichenkette 65, 147
Zuhörer 195
Zustand 38, 47
Zuweisungsoperator 211

Die Basis! echt einfach

Hier erfahren Sie alles Wesentliche über das Innenleben Ihres PCs, über Windows, über das Internet und über die wichtigsten Programme. Und auch der Humor kommt nicht zu kurz, schließlich kann Lernen auch Spaß machen. Ganz ohne theoretischen Ballast erklärt unser Autor die Bestandteile eines PCs. Sie lernen so die PC-Angebote richtig einzuschätzen. Sie erfahren, wie die PC-Hardware aufgebaut ist und welche Software für welchen Zweck eingesetzt werden sollte.

PC-Grundlagen
Nicol/Albrecht; 2000; 256 Seiten
ISBN 3-7723-**6534-5**

Euro 15,31/DM **29,95**

Meisterhaft kalkuliert!

Karin Rinne

StarOffice 5.2

echt einfach

Das kinderleichte Computerbuch

inklusive CD   *Franzis'*

Mit diesem Buch werden Sie viel Spaß haben! Mit Humor und in verständlicher Sprache beschreibt unsere Autorin alle wesentlichen Funktionen von StarOffice. Bald werden Sie Ihre Briefe wunderschön formatieren können und meisterhaft kalkulieren. Verständlich geschrieben, mit Übungsbeispielen auf CD-ROM macht "echt einfach" Sie in kürzester Zeit vom Einsteiger zum Könner.

StarOffice 5.2
Nicol/Albrecht; 2000; 256 Seiten
ISBN 3-7723-**6585**-x

Euro 15,31/DM **29,95**

Das Non-Plus-Ultra!

C++ ist eine mächtige Programmiersprache, die es dem Einsteiger oder Umsteiger nicht leicht macht. Die Beispiele folgen dem Ansi C++ Standard, laufen also mit allen C++ Compilern. Im Buch werden alle Beispiele mit Visual C++ von Microsoft demonstriert. Als Service für Sie haben wir eine Demo-Version von Visual C++ auf der CD beigelegt. Und falls Sie lieber mit Linux arbeiten, bitteschön, der GNU-Compiler (gcc 2.95) liegt ebenfalls bei.

C++
Nicol/Albrecht; 2000; 256 Seiten
ISBN 3-7723-**7525-1**

Euro 15,31/DM **29,95**

echt einfach
die kinderleichten Computerbücher

Windows 98 SE
Cornelia Nicol
ISBN 3-7723-7754-8

StarOffice 5.2
Karin Rinne
ISBN 3-7723-6585-X

Internet
Thomas Griffith
Jochen Franke
ISBN 3-7723-6165-X

Windows Me
Cornelia Nicol
ISBN 3-7723-6834-4

Lotus Notes 5
Angelika Klein
ISBN 3-7723-7344-5

Suchen und Finden im Internet
Thomas Griffith
ISBN 3-7723-6296-9

Windows 2000
Cornelia Nicol
ISBN 3-7723-7715-7

C++
Oliver Böhm
ISBN 3-7723-7525-1

Webseiten gestalten
Cornelia Nicol
ISBN 3-7723-6044-0

Word 2000
Natascha Nicol
ISBN 3-7723-7715-7

Java
Roland Willms
ISBN 3-7723-7165-5

Flash 4
Michaela Zocholl
ISBN 3-7723-7253-8

Excel 2000
Helga Jarai
ISBN 3-7723-7286-4

Visual Basic 6
Natascha Nicol
ISBN 3-7723-7415-8

Flash 5
Michaela Zocholl
ISBN 3-7723-7254-6

Access 2000
Angelika Klein
ISBN 3-7723-7425-5

Programmieren mit Access 2000
Axel Bornträger
ISBN 3-7723-7384-4

Dreamweaver 4
Michaela Zocholl
ISBN 3-7723-6574-4

Outlook 2000
Axel Bornträger
ISBN 3-7723-7854-4

Linux SuSE 7
Stefan Fellner
ISBN 3-7723-6116-1

HTML 4
Cornelia Nicol
ISBN 3-7723-7354-2

PowerPoint 2000
Vera Berger
ISBN 3-7723-7993-1

CorelDraw! 9
Winfried Seimert
ISBN 3-7723-7674-6

Webauftritt
Jochen Franke
Thomas Griffith
Andreas Schwarzenhölzer
ISBN 3-7723-6044-0